面向“十三五”教学课程改革立项教材
会计与财务管理专业规划系列教材

统计学原理

TONGJIXUE YUANLI

主　审　刘　颖
主　编　路建国
副主编　楚贵艳　刘丽芝 郑淑敏
参　编　张云莺

内容立意新、整体性强
总体结构巧妙、较强前瞻性

中国商业出版社

图书在版编目(CIP)数据

统计学原理 / 路建国主编. —北京:中国商业出版社,2017.2

ISBN 978-7-5044-6474-3

Ⅰ.统… Ⅱ.路… Ⅲ.统计学 Ⅳ.C8

中国版本图书馆 CIP 数据核字(2009)第 068299 号

责任编辑:孙锦萍

中国商业出版社出版发行

010-63180647 www.c-cbook.com

(100053 北京广安门内报国寺 1 号)

新华书店经销

北京航天伟业印刷有限公司印刷

* * * * *

787×1092 毫米 16 开 12 印张 230 千字

2017 年 2 月第 1 版 2017 年 2 月第 2 次印刷

定价:32.80 元

* * * *

(如有印装质量问题可更换)

编写说明

本书是新会计系列规划教材之一。由于我国已采取与国际接轨的新会计准则,会计核算方面有很大变化,作为衡量国民经济发展重要指标的统计数据也相应发生变化,本书是参照《中华人民共和国统计法》有关条款,将原有的统计方法与现代法规而有机的融合进行编写的。

本教材共分10章,主要内容为:绪论、统计调查、统计整理、统计特征值、统计指数、抽样估计、相关分析与回归分析、时间数列、统计决策、国民经济核算基础等。每章都附有复习思考题,方便同学学习和加强练习。

本教材由徐州技师学院路建国(第1章)担任主编,徐州技师学院楚贵艳(第6、7、9章)、山东城市服务技术学院刘丽芝(第2、3、10章)、天津第二商业学校郑淑敏担任副主编(第8章),参加编写的还有北京市供销学校张云莺(第4、5章),最后由刘颖主审。

本教材的特点是具有较强的实用性、适用性、先进性和可操作性。

本教材可作为中、高职业院校、成人高等院校及其他相关专业的教材。

由于时间仓促和水平所限,书中难免有不妥之处,敬请读者批评指正。

编者

2017年2月

总 序

当今世界科学技术在高速发展，随着我国新会计准则、新税法的颁布和实施，我国的会计与国际会计惯例基本接轨，我国即将建立起社会主义经济体制和与它相适应的中国会计核算规范体系。从会计教育改革与发展的大环境考虑，现在许多老版的会计教材都不能适应当前教学所需，改革和建立会计教育的教学内容与课程体系，不仅非常紧迫而且十分重要，它关系到我们应培养什么样的会计人才，才能适应我国快速发展及对世界开放不断扩大的需要。为此，我们及时组织全国三十多所会计专业教学实力比较强的院校代表齐聚北京，针对当前会计人才的需求，对会计专业职业教育进行了研讨，与会代表决定依据中小企业人才需要的教育目标和人才培养定位编写这套教材。

本套教材特点如下：

第一，“新”：该套系列教材，在内容和体系上立意新、整体性强，不仅是按新会计准则编写，而且又专门针对中小企业会计的需要设计了一门课程——《中小企业会计实务》，这是过去会计类教材很少有的。

第二，“强”：该套教材具有较强的前瞻性，由于中国经济改革越来越深入，金融、证券等资本市场越来越规范，财务与会计改革的节奏日益加快，会计专业教材的“经济寿命”越来越短的因素影响，本套教材在课程设计时，尽量使课程之间相互递进、相得益彰，符合教学规律，并且有一定的后续性。

第三，“巧”：该套教材总体结构比较巧妙，本着“必需、够用、可教、可学”的原则构思，以案例模块的方式编写，同时穿插具有趣味的会计小知识，力求改变会计教学中的“数字教学”方式，提高学生的学习兴趣，丰富教学内容。

新会计专业教材编写组

目　录

能以简单、粗糙的算术方法对社会经济现象进行计量和比较。

政治算术学派虽然以数字表示事实，但它还未从政治经济学中分化出来，这一学派所探讨的规律，都是用数字表示的社会经济规律，所以也属于实质性的社会科学。它与国势学派相比较，一是无统计学之名，有统计学之实;一是有统计学之名，无统计学之实。

2. 近代统计学时期

指的是 18 世纪末到 19 世纪末的一百多年时间，在这个时期统计学又形成了许多学派，其中主要是数理统计学派和社会统计学派。

(1)数理统计学派

数理统计学派产生于 19 世纪中期，以比利时的凯特勒(A. Quetelet，1796 ~1874)作为奠基人，他著有《社会物理学》。他最先运用大数定律论证社会生活现象并非偶然，而有其发展规律性。另外他还运用概率论原理，提出了“平均人”的概念，即人是具有平均身高、平均体重、平均智力和道德品质的典型人物。统计的任务是关于平均人的比较研究，如社会所有的人同平均人的差异愈小，社会矛盾就可以得到缓和。这一理论对于误差法则理论、正态分布理论等有一定的影响。

凯特勒认为统计学既研究社会经济现象又研究自然现象，是一门独立的方法论科学。凯特勒的努力初步完成了统计学与概率论的结合，使统计学开始进入了一个新的阶段。可以这样说，凯特勒既是古典统计学的完成者，同时也是数理统计学派的奠基人，被西方统计学界誉为近代统计学之父。

随着统计学的发展，对概率论方法的运用逐步增加，同时自然科学的迅速发展和技术不断进步对数理统计的方法有进一步的要求，数理统计学派就从统计学中分离出来自成一派。它从 19 世纪末以来逐步形成，主要在英、美等国发展起来，故又称英美数理统计学派。

(2)社会统计学派

19 世纪后期，正当英美数理统计学派刚开始发展的时候，在德国兴起了社会统计学派。

社会统计学派以德国为中心，由德国大学教授克尼斯(K. G. A. Knies，1821 ~1898)首创，主要代表人物为恩格尔(C. L. E. Engel，1821 ~1896)和梅尔(G. V. Mayr，1841 ~1925)，他们认为统计学是一门社会科学，是研究社会现象变动原因和规律性的实质性科学。社会统计学派认为统计学所研究的是社会总体而不是个别的社会现象，由于社会现象的复杂性和总体性，必须对总体进行大量的观察和分析，研究其内在联系，以反映社会现象的规律。社会统计学派一方面研究社会总体，另一方面在研究方法上采用大量观察法，这两方面构成了它们“实质性科学”的两大特点。

社会经济的发展，要求统计学提供更多的统计方法，社会科学本身不断地向细分化与定量化发展，也要求统计学能提供更多更有效的调查、整理、分析资料的方法。所以，社会统计学派逐步从实质性科学向方法论转化。社会统计学派虽然向方法论过渡，但是仍然强调以现象的质为前提，如，德国法兰克福大学教授弗拉斯·卡姆波(P. Flas ~ kamper)，是第二次世界大战后社会统计学派的重要人物，他吸收了英美数理统计学派的通用方法论，把自然领域中的方法也应用于社会现象，但他认为社会现象的核心，即质的规定性，不可能全部转化为以量来表示。

3. 现代统计学时期

指的是从20世纪初到现在的数理统计学时期。在这个时期，数理统计在随机抽样基础上建立起推断统计学。它是一种以随机抽样为基础推论有关总体特征的方法，导源于英国数学家戈塞特(N. S. Gosset，1876～1936)的小样本 t——分布理论。其后得到费暄(R. A. Fisher，1890～1962)的充实，并由波兰统计学家尼曼(J. Neyman，1894～)以及 E. S. 皮尔生(K. 皮尔生之子)等人加以发展，建立了假设理论。其后，美国统计学家瓦尔德(A. Wasld，1902～1950)将统计学中的估计和假设理论予以归纳，创立了"决策理论"。美国的威尔克斯(S. S. Wilks，1906～1964)、英国的威萨特(J. Wishart，1898～1956)等对样本分布理论也有贡献。美国的科克伦(W. G. Cochran，1909～1980)等在1957年提出实验设计的理论和方法，拓宽了统计学的范围。

20世纪60年代以后，数理统计学的发展有三个明显的趋势：(1)随着数学的发展，数理统计学越来越广泛地应用数学方法。(2)数理统计学的新分支或以数理统计学为基础的边缘学科不断形成(新分支如抽样理论、非参数统计、多变量分析和时间序列分析等；边缘学科如经济计量学、工程统计学、天文统计学等)。(3)数理统计学的应用日益广泛而深入，特别是借助电子计算机后，数理统计学所能发挥的作用日益增强。

数理统计学家把统计学当作通用于各种现象的方法论科学。社会主义国家的社会经济统计学，是从前苏联十月革命后逐步建立和发展起来的。社会经济统计学是以辩证唯物主义和历史唯物主义以及马克思主义政治经济学为其理论指导的。其学术渊源来自于古典统计学和凯特勒确定的近代统计学，且深受德国社会统计学派的影响。例如，莫斯科大学教授丘普洛夫认为统计学是一门社会科学，其特点是利用大量观察法调查社会现象的事实，以发现其中的规律和可能地确定其发生的原因。1954年前苏联统计科学会议通过的关于统计学定义的决议把统计学作为一门研究社会经济规律的实质性社会科学，继承了德国社会统计学派的观点。从60年代起前苏联的上述观点已开始有所改变，到70年代有的学者提出把统计学看作一门通用的方法论学科，为此引起一场新的争论，但绝大部分学者仍同意1954年前苏联统计科学会议所通过的决议。

我国的社会经济统计学是直接从前苏联引进的，在统计理论方面与前苏联相似。

§1.1.2　统计学的基本含义

统计一词来源已久，其涵义屡有变化，汉语中"统计"原为合计或汇总计算的意思。英语中的"统计"最早出自于拉丁语的"Stutus"，指的是各种现象的状态和状况，后统计一词在英语中演变为"Statistics"，即统计学和统计资料。事实上，统计除了上述两层涵义外，还包括统计工作。

统计工作，即统计实践活动，是对客观现象的数量方面进行搜集、整理和分析的活动过程。统计资料是指反映客观现象数量方面的数字或情况，是统计工作的直接成果。统计工作的好坏直接影响统计资料的数量和质量。统计工作的发展需要统计理论的指导。统计学是一门认识社会和自然的方法论科学，它来源于统计工作，是统计工作经验的理论概括，反过来，又用理论和方法指导统计工作，推动统计工作不断提高。由于以上三者之间具有如此密切的食产量与人口的比例等。

③质与量互变的数量界限。例如，某个地区生活收入的贫困线是多少,达到温饱、小康的水平又是多少。统计既要研究上述数量的现状，又要研究它们的过去和未来，研究它们的发展变化规律。

(2)总体性。统计认识对象是指客观现象总体的数量。应用大量观察法综合地反映客观事物的发展水平、速度、构成和比例关系，研究总体的综合数量特征，而不是研究个别事物(现象)的数量。尽管它是以个体事物数量的认识为起点。

(3)具体性。统计活动所调查研究的是客观现象的具体的数量，具有实际的经济内容。它是在质的规定条件下，研究量的特征，有别于纯数量的数学研究。

(4)广泛性。统计的调查研究对象既涉及到社会经济生活的各个领域，也涉及到自然科学的各个领域。凡涉及到通过数量反映事物特征的各个领域和方面，都有统计存在。

§1.3 统计学的理论基础和方法

§1.3.1 统计学的研究方法

统计学的研究方法，一方面是指对统计学研究的认识方法，另一方面是指对统计学研究的具体方法。

1. 统计研究的一般认识方法

统计研究的认识方法，是指用辩证唯物主义的观点认识统计研究的特点和一般规律性。首先,由于运用范围和普遍性程度的不同，认识方法有不同的层次，最高层次是哲学方法，它是适用于所有领域的根本方法，提供最根本的指导原则，可称为普遍方法。其次是一般认识方法，如基本的逻辑方法、数学方法、系统方法、调查研究方法等等。这些方法适用于所有科学领域。这些方法是各种专门方法的概括和总结，是哲学方法的具体化。再次则是各门具体学科特有的方法。每一门具体学科都有自己特殊的研究对象和目的，与之适应就会产生该学科所使用的特殊方法。也可以说是前两个层次的方法在具体学科内的应用和发展。各种认识方法不是孤立的，而是相互联系、相互制约的。研究任何一个对象或问题，都不可能单纯依靠一种方法，也不能单纯依靠它特有的方法，总是综合地运用各个层次的方法。社会经济统计本身就是一种认识方法，是认识社会现象时普遍应用的一种方法。

社会经济统计方法是认识社会经济总体数量方面的步骤和手段，但是在这一认识过程中只用统计的特有方法是不够的，一定要综合运用哲学方法、一般方法以及统计特有的方法。统计认识活动过程的基本特点辩证唯物主义认识论是研究一般认识过程、研究人类认识基于实践的发生和发展的全过程的一般规律和形式，为人们提供科学的认识程序和认识方法。社会经济统计是对总体数量方面的认识活动，在符合一般认识规律的前提下有它自己的特点。特点是对一般认识过程而言的，而对统计认识活动来讲则具有一般性。其基本特点有如下四个方面：

(1)是从定性认识到定量认识的过程，是定量认识与定性认识相结合的过程。

定性认识是指对客观事物质的确定性的研究和认识，即对于客观事物的性质、特点、界限、关系和运动过程的认识。定量认识是对客观事物存在和发展规律、水平、构成、速度等量的方面的认识。定性认识是定量认识的前提和基础，定量认识则使人们的认识更加具体、精确和深入。对客观事物的认识过程就是这两种认识密切结合、交替发展的过程。社会经济统计要从数量方面认识社会经济现象，但它不是从量的认识开始，也不是从搜集资料开始，而是从对社会经济总体的定性认识开始的。为了从数量方面认识总体现象，首先要确定总体的内涵和范围，确定反映总体数量特征的一套统计指标和统计分类，要先了解总体和外部的有机联系，然后才可能去搜集资料，进行汇总、计算和分析研究。在统计认识的整个过程中，定量认识总是和定性认识结合在一起的，只是在不同阶段的侧重点有所不同。

(2)统计认识过程是从个体的实际表现到总体的数量表现的过程，是总体、局部和个体相结合的过程。

在运用定性研究和认识解决了总体范围、分类、指标及口径等问题之后，统计认识要从了解的实际情况出发，然后过渡到从数量上描述和研究总体。例如，人口统计从了解每个人或每个家庭的情况开始，经过收集资料和整理资料的活动过渡到描述和研究总体的情况。这里说的从总体上描述的研究，不只是计算总数量，也包括局部的量和个体的量，但它是从总体的角度来观察和研究局部和个体的。统计学的一个重要内容就是研究从个体到总体的过渡过程，要研究从搜集个体的资料过渡到总体资料的步骤、方法和技术，怎样保证统计数据的质量，以及总体数量状况的表现形式和分析研究的方法等等。

(3)统计认识过程是从特殊的数量表现到一般的数量表现的过程，是特殊和一般相结合的过程。

这个过程的目的是使人们的认识进一步深化和提高，得到关于社会经济现象数量规律性的认识。统计学中的许多方法都是为这种认识服务的，如平均发展速度、动态数列的修匀、相关和回归、投入产出法等等。这里说的“一般的数量表现”常常表现为一定的常数或某种关系式。例如各种定额、最佳积累率、平均发展速度、回归方程式等等。在社会经济统计中，这种常数或关系只具有相对的稳定性，随条件的变化而发生变化。但它们在实际工作中是非常有用的，是在一定条件下判断情况好坏、正常与否的一种重要标准，是计算和预测的根据。

(4)统计认识过程是从过去和现在的数量表现到未来的数量预测的过程，是现在和未来认识相结合的过程。

统计首先要观察和了解已经发生的事实。但在分析研究时必须向认识未来发展，进行统计预测。这是在社会经济管理工作发展中提出来的要求。预测是个很广泛的概念，包括定性预测和定量预测，包括各种范围和各种对象的预测。统计预测只是预测的一种，它是对社会经济总体现象数量方面的预测，是根据过去和现在已经发生的事实对将来作出科学的估计。

上述四条是统计认识必然的基本的顺序，对统计认识的全过程具有指导作用，违背这些基本顺序就会使认识发生偏差或错误。它们是社会经济统计学所要研究和阐述的中心内容。

2. 统计研究的具体方法

统计实际活动中所使用的方法是很多的。从统计活动的阶段来看，有设计方法、调查方法、整理方法和分析方法；从所起的作用来看，有认识方法、工作方法、计算方法等等。

(1)大量观察法(整体观察法)

它是统计研究的特有方法，构成社会经济现象总体的各个统计单位，由于各种因素的影响，彼此数量之间存在不同差异。差异有大有小，差异原因有主有次，只有在大量观察的基础上，综合各单位的统计数据和各个调查单位表现出来的偶然的数值差异，才能互相抵消，也只有在大量观察基础上形成的总体平均数，才能显示总体的一般水平和发展变化规律。

大量观察法是比利时有名的统计学家凯特勒总结实践经验提出来的，是观察和研究总体现象的一个原则。其最初的意思是说，通过对大量现象的观察才能发现总体的数量规律性。例如，通过对许多家庭的观察，可以发现出生婴儿的性别比是比较稳定的，而这个数量规律性就个别家庭是看不出来的。在这里，“大量”是许多的意思。抽样推断发展了以后，特别是在小样本(即样本单位数目在个以下)提出来以后，对“大量”的解释有所改变，将其解释为“足够的多数”，因为，与总体的单位数相比较，样本单位数是少数，但却可以推断总体的数量状况。其实，大量观察法的基本意思是说，要发现总体的数量规律性，必须遵守从整体上综合观察的原则，无论观察总体单位数目多少，只要符合这个原则就可以达到目的。从这个意义上讲，将其叫做整体观察法似乎更准确一些。大量观察法的数理根据是大数定律。因为现象的规律性是在整体上(大量现象中)才表现出来的，所以发现它就要采用大量观察法(或整体观察法)。这里讲的大量观察法是作为观察和研究总体现象的一个原则来说的，贯彻这个原则的具体做法将在以后的有关章节中阐述。

(2)统计分组法

将总体中的所有单位按照一个标志或几个标志划分成若干组成部分，相同的归并在一起，不相同的区分开，叫做分组。例如，将全国人口按性别划分为男性人口和女性人口两组；将企业按所有制划分为全民、集体、个体、私营等若干组。应用分组的方法研究和认识总体现象称为统计分组法。它是经常使用的、十分重要的方法。分组法是研究总体内部差异的方法。总体内部有各种各样的差异，有的是带有根本性质的差异，不划分就不能进行数量上的描述和研究，会发生认识上的错误或偏差。有的差异虽不是根本性质的，但只有应用分组法才能使人们对总体的认识逐步深入。其实，无论从实际工作过程讲，还是从作用上讲，它都是贯穿统计活动全过程的一种重要方法，它的作用在统计设计和分析研究中都十分显著。此法在统计研究中占有重要地位，它不仅是统计资料整理的重要组成部分，而且在整个统计工作阶段都能发挥自己特有的作用。

(3)综合指标法

统计工作自始至终离不开数字，但一个调查单位的某种数值往往不能反映统计总体的数量特征，只有把各个调查单位原始资料加工整理、汇总计算得到的综合数值(这个综合数值称为统计指标)进行分析，才能真正反映出统计总体的综合情况。统计分析过程，就是运用经过综合的统计指标来反映社会经济现象的数量关系，不仅分析现象的总体水平，而且分析现象的结构关系、比例关系、平衡关系、投入产出关系等等。就微观经济来说，不仅要研究企业经营的产量、产值、利润，而且要联系产品的质量、成本、劳动生产率、资金占用、原材料消耗等指标，用以综合说明企业的经营质量和经济效果，一种统计指标往往只能反映总体的某一侧面，要了解现象的全貌，统计研究常常要把几个、十几个甚至几十个统计指标联系在一起，组成指标体系，从不同侧面反映现象和事物的综合情况。综合指标法就是运用表明社会经济现象不同侧面的统计指标，对现象总体展开全面、细致、深入的分析研究的方法。

综合指标法按指标的基本表现形式，可分为总量指标、相对指标和平均指标等。通常将这三种指标统称为综合指标。在这三类指标的基础上，进一步展开综合统计分析。其统计分析的重要形式有：对比分析、平均分析、差异分析、动态分析、因素分析、相关分析、平衡分析、统计推断和预测分析等。

§1.3.2 统计学的理论基础

统计学的理论基础和方法论基础是指对统计研究对象的基本观点、原则立场和方法指导的总称。统计研究的是客观存在的各种现象的数量方面，但是绝不能脱离客观现象质的方面孤立地进行。尤其是对社会经济生活现象的研究，必须结合运用定性与定量相结合的方法进行。要以辩证唯物主义和历史唯物主义、社会主义市场经济学所阐明的社会本质及其发展规律的理论为依据，来分析其数量关系。因此，辩证唯物主义和历史唯物主义与社会主义市场经济学理论是统计学的理论基础。

社会经济统计是认识社会最有力的武器之一。但进行统计活动和科学研究必须以已有的认识为前提，要掌握关于认识对象的知识并善于在统计活动中运用它们。这些知识是多方面的，有作为理论基础的关于世界和社会的一般看法的知识，有某个领域的专门知识，有关于认识过程和方法的一般知识，也有关于处理数量关系的方法论知识等等。

在当今世界上，存在着许多关于世界和社会的一般看法的理论。社会实践已经证明并将继续证明，马克思主义是惟一正确的科学理论，是人类智慧的结晶，而且随着社会实践的发展而不断地得到丰富和发展。马克思主义哲学对社会统计学具有普遍的指导作用，是既包括实质性理论又包括方法性理论的统一的最高层次的理论。毛泽东思想丰富和发展了马克思主义，其中关于调查研究的思想是认识论的发展。调查研究是统计的一个组成部分。

统计学作为认识社会经济总体数量方面的方法论学科，可以说是社会科学与数量关系方法论相结合的产物。统计学是一门实用性学科，它要把抽象的社会经济领域内众多的理论范畴具体化。它不仅受政治经济学和科学社会主义理论的指导，而且和研究实际问题的许多门类的社会学科有密切的关系。特别是社会经济统计学的分支学科更是如此。社会经济统计活动及科学研究和各门社会学科的关系是双向的，而不是单向的。一方面，社会经济统计活动和统计学就其整体而言，要以马克思主义政治经济学和科学社会主义作为理论基础。就某一个专门领域来讲，还要以对应的社会学科作为指导。另一方面，社会经济统计活动和统计学对于其他社会学科也有积极作用。它为其他社会学科提供统计资料和统计研究方法，作为一种认识工具促进它们的发展；并有助于检查、论证或发展已有的内容，有助于发现该门学科领域的客观规律。

统计学的方法性理论基础是数学以及其他有关方法论。数学是研究客观世界中数量关系和空间形式的学科。恩格斯早就指出："数学本身由于研究变数而进入辩证法的领域。"现代数学在辩证领域中有了进一步的发展。数学是社会实践和许多实质性学科进行定量研究的工具或方法。对于作为方法论的社会经济统计学来说，数学不仅具有工具意义，而且具有方法性理论基础的意义。在统计学中，无论是对总体进行数量描述或是进行数量分析，都必须遵循数学所阐明的数量关系的规律。任何社会经济总体都是有机联系的整体，系统科学的思想和方法对统计研究具有重要的指导意义。新的方法论学科正方兴未艾，在马克思主义哲学指导下，这些方法论将对社会经济统计学的发展起着越来越重要的推动作用。

实质性理论基础和方法性理论基础不是割裂的，它们具有统一性。实质性理论决定统计学的方向，它统帅和指导方法论，方法性理论充实和拓展实质性理论的内容。而且，具有普遍意义的某些理论，在以后的科学研究中可以转化为方法。

§1.4 统计学的基本概念

§1.4.1 总体和总体单位

所谓统计总体是指统计研究对象的全体。它是由一系列客观存在的在某些性质上相同的基本单位组成的集合体。所谓总体单位是指组成统计总体的具体单位。二者是相辅相成的，没有总体单位的集合，也就谈不上有统计总体；没有界定统计总体的范围，也就无法确定总体单位。

统计总体和总体单位不是绝对的，而是相对的。例如，对某一个工业企业而言，以每一个职工为单位可以组成企业职工总体；以每一台设备为单位可以组成企业的设备总体；以每一种(或一套、一件等)产品为单位可以组成企业的产品总体；以每一次销售行为为单位可以组成企业的销售总体等等。再如，研究对象为全国的工业企业的基本情况，则统计总体就是全国所有的工业企业，总体单位是全国的每一个工业企业；若研究对象为全国的工业企业的设备状况，则统计总体就是全国所有工业企业的所有设备，总体单位是全国所有工业企业的每一台设备。可见，统计总体范围不同，总体单位是不一样的，统计研究对象不同，总体单位也不一样。二者是整体与个体的关系。

统计总体和个体是多种多样的，常见的主要有两种：一种是以某种客观存在的实体为单位组成的总体，称为实体总体，如以个人、家庭、学校、设备、产品、商品等为单位组成的统计总体。另一种是以某种行为、事件为单位组成的总体，称为行为总体，如以买卖行为、工伤事故、犯罪事件、体育活动等为单位组成的统计总体。

1. 统计总体的形成必须具备一定条件，其客观条件主要有三条：

①客观性。统计总体和总体单位必须是客观存在的，可以实际观察的。

②同质性。组成统计总体的所有单位必须是在某些性质上是相同的，如工业企业总体，我们至少可以认为，对任何一个工业企业来说都是从事工业生产经营活动的基本单位。在这一点上，每一个工业企业都是一样的。再如，对国有工业企业总体，其每一个单位除“都是从事工业生产经营活动的基本单位”之外，还必须包括“所有制性质”相同这一特征，它的范围就比工业企业总体小。

③差异性。组成统计总体的各单位在某些性质上是相同的，但在其它性质上则存在差异。正是这种差异，才有研究的必要。例如，企业职工总体中的每一个职工，在工种、性别、年龄、工龄、文化程度、技术等级、工资等各方面都有差异，这种差异构成了统计研究的内容。

2. 统计总体的形成还决定于主观条件，主要有两条：

①统计研究的目的。统计研究的目的不同，作为认识对象的总体和个体也有所不同。例如，研究一个国家或地区的工业生产情况时，这个国家和地区的所有工业企业构成一个统计总体，而每个工业企业就是一个总体单位；在研究某一个工业企业的生产经营情况时，则该工业企业就是统计总体，而该工业企业的每一个车间或班组就是一个总体单位。

②统计机构的状况。统计机构的立场、观点、工作条件、了解实际的深入程度等也决定着统计总体的形成。例如，要调查研究煤矿井下工人的健康状况，如果人力、物力和财力充

足，就可以把全国大小煤矿的全体井下工人都列为总体单位形成统计总体；但是，如果人力、物力和财力有限，就只能选择大、中、小型煤矿各多少个，以其井下工人为总体单位形成统计总体。

§1.4.2 标志和标志表现

1. 统计标志的定义

标志又称统计标志，是指说明统计总体单位属性和特征的名称。每一个总体单位都有很多属性和特征。例如学生作为总体单位，他们都有民族、性别、文化水平、年龄、身高等特征；以工业企业作为总体单位，都有经济类型、职工人数、工资总额、成本、利润等属性和特征。这些属性和特征的名称，就是标志。某一标志从某一方面说明总体单位的性质。标志按其特征的性质不同，分为品质标志和数量标志。品质标志表明事物质的特征，如前面所说的每个学生的民族、性别、文化水平；每个工业企业的经济类型等，它们通常只能用文字表示，不能用数值表示，如性别为“男”或“女”，文化水平为“大学”或“中专”等等。数量标志表明事物量的特征，如前面所提的每个学生的年龄、身高；每个工业企业的职工人数、工资总额、成本、利润等，它们可以用数值表示，如年龄为多少岁。

2. 标志表现

标志表现又是一个重要的概念。它是标志名称之后所表明的具体属性和具体数值。例如，某学生的性别为男，年龄为岁，这里的性别和年龄是标志，而“男”和“岁”是标志表现。总体单位、标志和标志表现三者密不可分，标志是统计研究的项目，而标志表现则是标志的实际实现者。由于标志有品质标志和数量标志之分，因而标志表现又有品质标志表现和数量标志表现之别。后者又称为标志值。

3. 统计标志的分类

(1)统计标志按其性质不同，有品质标志和数量标志之分。

品质标志是指不能用数量表示的标志，即其标志表明总体单位的质的特征的名称或顺序的。如上述企业职工的性别、民族、工种、文化程度等。数量标志是指能够用数量表现的标志，即其标志表现至少是间隔水准以上的。如上述企业职工的年龄、工龄、技术等级、工资等。品质标志主要作为统计分组的依据，以便计算出不同组别的总体单位数。数量标志除了作为分组依据计算单位数外，还可以进行许多其它计算，如计算平均工龄、平均技术等级、平均工资等。

(2) 统计标志按各单位的具体表现是否相同，有不变标志和可变标志之分。

不变标志是指各单位在具体表现上完全相同的标志，如对国有工业企业总体来说，各企业的生产性质、所有制性质等都是相同的，这些标志是不变标志。它是形成统计总体的客观条件(即同质性)之一。可变标志是指各单位在具体表现上不完全相同的标志，如上述国有工业企业总体中，各企业的产品种类、所属行业、职工人数、产品数量、产品产值、销售收入、利润额等都不尽相同，这些是可变标志。它是形成统计总体的另一个客观条件(即差异性)。

同时统计标志的两种分类是交叉的。品质标志有不变标志和可变标志之分，如上述工业企业的生产性质、所有制性质等对所属总体来说，每一个单位都是一样的，因而是不变的品质标志；又如，企业职工的性别、民族、工种、文化程度等，对每一个总体单位来说，具体表现都不尽相同，因而是可变的品质标志。同样，数量标志也有不变标志和可变标志之分，如我国学龄儿童入学的法定年龄是7岁，这对每一个学龄儿童（撇开每个学龄儿童入学的具体年龄）都是同样的要求，因而是不变的数量标志；又如，上述企业职工的年龄、工龄、技术等级、工资等，对每一个总体单位来说，具体表现都不尽相同，因而是可变的数量标志。

§1.4.3 指标和指标体系

1. 统计指标的定义

与统计标志相对应，统计指标是说明统计总体的特征或属性的名称。

统计指标有两种理解和使用方法。一种是处于设计形态的统计指标，它是说明总体数量特征的名称，例如全国总人口、国民生产总值、工资总额、粮食总产量等都属于这一类统计指标。另一种是处于完成形态的统计指标，它是把指标名称和具体时间、地点的统计数值结合起来的统计指标形态，例如，某地区1997年国民生产总值2820亿元，某工业企业1997年职工工资总额850万元等等就属于这一类统计指标。我们在研究统计理论和进行统计设计时所说的统计指标指的是设计形态的统计指标；在实际工作中，对统计数据进行加工整理、分析研究时所说的统计指标指的就是完成形态的统计指标。

2. 统计指标的构成要素

统计指标构成一般包括六个要素，即指标名称、计量单位、计量方法、时间限制、空间限制、指标数值，例如，2008年北京市国内生产总值为3500亿元，这一完整指标就包含有上述六个要素。

在实际操作中，指标呈现两种形态：一为设计形态，此时指标仅包括前三个要素；二为完成形态，此时指标包括六个要素。在使用时，要根据不同场合区别对待，正确把握。

3. 统计指标的特点

(1)数量性。

所谓数量性是指统计指标数值的大小、多少可以实际加以测度或计数，即能够用数值表示，不存在不能用数值表示的统计指标。数量性将统计指标与其他社会经济范畴区别开来。

(2)综合性。

所谓综合性是指统计指标数值是由许多个体现象的数量综合的结果。一个职工的年龄、工资不能成为统计指标，而一个企业所有职工的平均年龄、工资总额或平均工资才能成为统计指标，它体现着总体的综合数量特征。综合性将统计指标与统计标志区别开来。

(3)具体性。

统计研究以统计指标为手段，运用特有的统计方法对社会经济现象作具体深刻的分析。任何统计指标都是指一定时间和空间条件下的社会经济现象，是总体各单位某标志在特定时间界限上和空间范围内数量表现的综合概括。具体性将统计指标法与其他社会科学中采取的抽象分析法区分开来。

4. 统计指标的基本要求

一个科学完整的统计指标应当具备以下基本要求：

(1)指标的构成必须完整。任何一个指标的构成应包括前述六要素，否则将失去经济意义，不能成为指标。

(2)指标名称必须具有正确含义与理论依据。指标名称是一个社会经济范畴，说明一定社会现象的一定经济内容。如果指标的含义不明确或不正确，不仅不能获得正确的统计数值，而且会出现方向性的错误。同时指标名称的确定应有科学的理论依据，必须根据马克思主义政治经济学的有关范畴和实际经济问题归纳得出，缺乏科学理论依据的统计指标，必将失去其雄辩的说服力。

(3)要明确指标的计算口径范围。这是指指标所包括的时间、空间隶属关系必须有明确的规定，使实际工作者能够判断哪些经济现象的数值应计入指标的范围，哪些经济现象的数值不应计入指标的范围。

(4)要有科学的计算方法。指标的含义与计算的口径范围确定以后，应以它们为准绳，制定科学的计算方法，以保证统计指标数据的准确性。科学的计算方法应当是既准确无误，又简便易行。

5. 统计指标的分类

(1)统计指标可按不同的标志进行分类:按统计指标的内容和作用分，可将统计指标分为总量指标、相对指标、平均指标三大类，这是统计中常用的基本指标，也是最重要的分类。

①总量指标是反映总体的规模和现象发展结果的指标，其表现形式为绝对数，一般用以反映总体的总规模、总水平和工作总量。

②相对指标是由两个有联系的统计指标的对比而形成的比率。其表现形式为相对数，一般用来反映总体的内容结构、现象间的数量关系和相对水平等。

③平均指标是指总体中某一数量标志的一般水平。其表现形式为平均数，一般用来反映总体年内某一数量标志的集中趋势等。

(2)按指标反映总体的内容分，可将统计指标分为内涵指标和外延指标。

①内涵指标是反映总体内总结构、比例以及相互数量关系的指标，其一般表现形式为相对数或平均数等，如结构、比例、速度等。

②外延指标是反映总体外延范围大小的统计指标，其表现形式一般为绝对数，如总规模、总水平、工作总量等等。

(3)统计指标还可以从其他角度进行更多的分类。

例如按反映时间状况不同分类、按管理层次分类、按报告顺序分类等等。各种分类都不是孤立的，而是相互联系、相互交叉的。同一指标可纳入不同的类别。

6. 统计标志与统计指标的关系

(1)标志与指标的联系

它是指数量标志与指标间的联系：

①汇总关系。指标值是由众多的总体单位的数量标志值汇总而来的。

②转换关系。转换关系取决于总体与总体单位之间的转换。根据研究目的的不同，总体单位转换为总体时，则数值标志也转换为指标;而当总体转换为总体单位时，其指标也就转换为数量标志了。

(2)标志与指标的区别

①说明对象不同。指标是说明总体特征的，而标志是说明总体单位特征的。

②表现形式不同。统计指标都是用数值表示的，而统计标志可以用数值表示，也可以用文字表示，后者即是品质标志。

思考题：

1. 什么是统计？
2. 统计科学发展史上主要的学派有哪些？各派的主要代表人物是谁？
3. 什么是总体和总体单位，总体有哪些特征？
4. 什么是标志，标志有哪几种？
5. 什么是指标，标志与指标有哪些区别与联系？

参考阅读材料：

1.《应用统计学》，倪加勋，中国人民大学出版社，北京，1996
2.《资本论》，《马克思恩格斯全集》第二十三卷，第302页
3.《高等院校经济管理类专业统计课程改革的思考》，《湖湘论坛》，杨厚学，2003年06期

第2章　统计调查

● **主要内容：**

1. 统计调查的意义
2. 统计调查的种类
3. 统计调查资料的搜集方法
4. 统计调查方案
5. 统计调查体系

◇**引导案例：**

就一个家庭而言，新生婴儿的性别可能是男，也可能是女。要想通过个别或少数家庭的生育情况，来研究和揭示社会新生婴儿性别的规律性是不可能的。但是，如果对足够多的家庭的生育情况进行观察就会发现，社会新生婴儿的男女性别比大致稳定在105∶100，从而揭示了社会新生婴儿男女性别比例的规律性。统计的研究对象是客观现象的数量方面，目的是通过对这些数量方面的研究来反映和揭示客观现象的本质特征和规律性。这就决定了统计的认识过程必须是由个体的数量开始再到总体的数量特征的认识过程，即必须搜集大量的数据资料。这个搜集客观现象数据资料的过程，在统计工作中就是统计调查。客观现象是复杂的、多种多样的，因此就决定了搜集数据资料采取的方法也必须是不同的。

§2.1　统计调查的资料收集方式和方法

§2.1.1　统计调查的意义

1. 统计调查的概念

统计调查就是根据调查的任务和要求，采取科学的调查方法，有目的、有计划、有组织地对客观实际情况进行搜集，对客观事实进行登记，取得各种真实可靠统计调查资料的活动过程。统计调查既是对现象总体认识的开始，也是对统计调查资料进行统计整理和统计分析的基础环节。统计调查的基本任务是取得反映社会经济现象总体全部或部分单位以数字资料为主体的信息资料。

统计调查所涉及的统计调查资料有两种：一种是直接向调查单位搜集的未经加工整理的原始资料，也叫初级资料；一种是经过初步加工整理、能够在一定程度上说明总体现象的二手资料，也叫次级资料。统计调查主要是指对原始资料的搜集。

所谓原始资料是指对调查单位搜集的没有经过加工汇总整理，由个体过渡到总体的统计资料。

2. 统计调查的要求

统计调查在整个统计工作中担负着提供基础数据资料的任务。所有的统计计算和统计分析研究，都是在原始资料搜集的基础上建立起来的。如果我们把整个统计工作过程比作建造一幢大厦，那么统计调查就是打地基阶段。所以，统计调查在统计工作中居于十分重要的地位。

为了保证统计调查资料的质量，使之准确反映客观实际，根据统计方法制度的统一规定，统计调查必须具有准确性、及时性、系统性、完整性四项基本要求。做到数字准、情况明、反映及时。

准确性。是指提供的统计调查资料必须符合客观实际情况，真实地反映所研究的社会经济现象，保证各项统计调查资料真实可靠。这是保证统计资料质量的首要环节。这不仅是一个技术性问题，而且还涉及坚持统计制度、遵守统计法规的问题。

及时性。是指各项统计调查资料要按照统一规定的时间搜集完成并上报。不但要求准确，而且需要及时，这是很明显的，因为过时的资料落在了形势发展的后面，失去时效，犹如“雨后送伞”，起不到统计的应有作用。

系统性。是指搜集的统计调查资料有条理，合乎逻辑，便于汇总。

完整性。是指调查单位不重不漏，所有调查项目资料搜集齐全。资料残缺不全，就难以反映研究对象的全貌，难以正确认识社会经济现象的总体及其特征，最终也就难以对社会经济现象的规律性做出准确的判断，甚至会得出完全相反的结论。

3. 统计调查的意义

统计调查是统计工作的基础环节，是统计分析研究的前提。只有搞好统计调查，才能保证统计工作达到对于客观事物规律性的认识，对未来进行分析、研究、预测，为各级党委、政府、各部门制定政策、检查监督政策执行情况提供可靠依据。

知识连接：统计调查在企业经营管理中的作用

统计调查的描述功能　是指收集并陈述事实。如：某个行业的历史销售趋势是什么样的？消费者对现有的某产品及其广告的态度如何？企业的战略是否与所在行业的历史销售趋势一致？先有产品是引导了消费需求还是迎合了消费需求？广告诉求和品牌体现是否给消费者留下深刻鲜明的印象？等等。

统计调查的诊断功能　是指解释信息或活动。如：改变产品的包装对销售会产生什么影响？改变产品的“卖点”会对产品产生什么影响？目前的产品有什么需要改进的地方？等等。

统计调查的预测功能　是指利用历史的资料和数据来推断和预测未来。如：企业如何利用不断变化的市场出现的问题和机会？如何把机遇转化为机会？如何把潜在计划转变为现实机会？如何把机会转变为现实成果？如何预测机会成本效益？等等。

统计调查的反馈功能　是指对社会经济现象或活动反映的传递、沟通和处理。如：顾客怎样看产品？怎样评价服务？满意点在哪里？机会的切入点在哪里？如何应对？等等。

§2.1.2　统计调查的分类

1. 统计调查按调查对象包括的范围不同，可分为全面调查和非全面调查

全面调查就是对构成调查对象的所有单位逐一、无遗漏地进行登记调查。例如，要了解全国人口的基本情况，就要对全国的人口一一进行调查登记。普查和全面统计报表属于全面调查。

非全面调查是对调查对象中的一部分单位进行登记调查。例如，为了了解城市居民家庭收支情况，并不需要对所有居民家庭一一进行调查，而只需要对其中一部分被抽中的家庭进行调查。非全面统计报表、抽样调查、重点调查和典型调查等属于非全面调查。

2. 统计调查按组织形式不同，可分为统计报表和专门调查

统计报表是按照统一规定的表式要求，自上而下逐级统一布置，然后自下而上逐级统一提供上报统计资料的一种统计调查方法。它是国家统计系统和专业部门为了定期取得系统、全面的统计资料而采用的一种搜集资料的方式，目的在于掌握经常变动的、对社会经济有重大意义的基本指标的统计资料。统计报表，大部分是以定期统计报表制度的形式布置的。如农业统计报表制度、工业统计报表制度、交通运输统计报表制度等。

专门调查是为了了解和研究某些情况或问题而专门组织的统计调查，专门调查属于一次性调查。包括抽样调查、普查、重点调查和典型调查等。

3. 统计调查按调查登记的时间是否连续，可分为经常性调查和一次性调查

经常性调查是指对调查对象的变化进行经常性的、连续不断的登记或观察，以反映事物在一定时期内的全部发展过程。如工业企业对产品产量、原材料、原料动力的消耗量等，在观察期内进行连续登记。经常性调查所取得的资料是现象在一段时间内的总量。

一次性调查是指间隔一段时期对调查对象进行的登记调查。如人口数、机器设备台数等资料短期内变化不大，无需进行连续登记调查。一次性调查所取得的资料体现现象在某一瞬间所具有的水平。

§2.1.3 统计调查资料的搜集方法

在实际统计调查工作中，搜集数据的具体方法主要有以下几种：

1. 直接观察法

是指由调查人员亲自到现场对调查单位进行直接查看、清点、测定和计量，以取得调查资料的一种统计调查方法。如进行农产量抽样调查时，调查人员必须亲自到现场抽取样本、实割实测、脱粒晾晒、过秤计量等。直接观察法取得的数据资料，具有较高的准确性，但需要大量的人力、财力、物力和时间。

2. 访问调查法

是指调查者与被调查者通过面对面地交谈，或通过邮寄问卷、电话访问、座谈会等方式，根据被调查者的回答或填写来搜集所需资料和情况的一种统计调查方法。访问调查的方式有标准式访问和非标准式访问两种。标准式访问又称结构式访问，它是按照调查人员事先设计好的、有固定格式的标准化问卷，有顺序地依次提问，并由受访者做出回答；非标准式访问又称非结构式访问，它事先不制作统一的问卷或表格，没有统一的提问顺序，调查人员只是给一个题目或提纲，由调查人员和受访者自由交谈，以获得所需的资料。访问调查法可搜集到详细而深入的信息资料，准确程度比较高。但费用大、时间长、对调查人员的素质要求高。

在实际调查中，访问调查有多种形式，概括起来主要有：

(1)面访调查。面访调查通常是指召开座谈会或访问被调查者，通过面谈来实现搜集调查资料的一种调查形式。如让被调查者针对一种产品、一种服务或其它话题发表意见。其优

点在于：方便灵活、回答率高，搜集的资料真实可靠，也可沟通感情，观察被调查者态度。面访调查对调查人员要求较高。调查人员的素质、态度、语气和技术等，都会影响调查资料的质量。这是市场调查中经常采用的方法。

（2）专家调查。专家调查通常是指召开专家座谈会，以座谈、讨论、分析、研究、征询意见等方式，取得专项调查资料，并在此基础上，找出问题症结所在，提出解决问题方法等的一种调查形式。

主要优点是：能够把调查与讨论研究结合起来，既能提出问题，也能研讨解决问题的途径；不足之处是：受访问人员素质、被访者人数限制及被访问者代表性不足等，有可能影响调查结果和质量。

（3）电话调查。是指调查者通过查找电话号码簿，用电话向被调查者进行询问，搜集调查资料的一种调查形式。电话调查在西方发达国家应用较多，在我国也逐渐进入人们的日常生活中。

电话调查的优点：一是搜集的资料速度快、费用低；二是搜集的资料覆盖面广，可以对任何有电话的地区、单位和个人直接进行电话访问调查。不足之处：一是每次电话调查时间不能过长；二是不能提过于复杂的问题；三是对挂断电话拒绝回答者很难做工作。

（4）新闻媒介调查。是指以新闻媒介为载体，发布调查问卷，通过广大听众、观众、读者自愿回答并反馈调查结果，搜集调查资料的一种调查形式。这里所说的新闻媒介，主要是指电视、广播、报刊、Internet 网等。

新闻媒介调查的优点：一是广泛性。各种新闻媒介都拥有众多的听众、观众或读者，而且来自不同的阶层，在不同的岗位工作，有广泛的代表性；二是时效性。新闻媒介传播快，不受时空、地域等条件限制；三是公开性。通过新闻媒介进行调查，调查透明度高；四是客观性。被调查者自愿参与，能够反映被调查者的真实想法和情况。新闻媒介调查也有其不足之处，如调查误差不易控制、受新闻媒介发行量或收视率、阅读率影响等。

一般来讲，通过新闻媒介进行调查，选择那些广大群众关心的、有影响的、波及面较广的调查项目，能够收到比较理想的效果。

（5）留置调查。是指采用由调查者将调查表或调查问卷面交被调查者，并说明调查目的和要求，由被调查者自行填写回答，然后按约定的时间回收的一种调查形式。

留置调查具有回收率高、被调查者的回答不受调查人员的影响、被调查者有思考时间、避免因误解而产生误差等优点。但留置调查由于受地域、交通等因素限制，不宜广泛进行，且时间较长、调查费用相对较高。

（6）日记调查。是指对被调查单位或调查者发放登记簿或账本，由其逐项记录，再由调查人员定期收集、整理、汇总的一种调查形式。

采用日记调查形式进行调查，可以使调查者与被调查者双方建立固定联系、调查资料回收率较高且比较详细、利于资料应用等；但由于记账工作量大，且受诸多主客观因素的影响，难以保证记录的连续性和准确性。因此，采用日记调查的形式进行调查，必须加强有关督促检查工作。

（7）文案调查。也称二手资料应用，它是指搜集、取得并利用现有（本部门或其他部门）的有关资料，对某一专题进行研究的一种调查形式。

文案调查除直接利用二手资料就某一专题进行研究外，一般还应用于：确定是否有必要专门组织一次专题调查、确定专题调查的范围和具体调查内容等。

由于二手资料的来源、时间、区间、口径、范围等不同，因此应用二手资料时必须注意资料的可利用性，具体可概括为:资料的完整性、准确性、科学性和可比性等。

3. 报告法

是指被调查单位以各种原始记录或核算资料为基础，按统一规定的格式和要求填写调查表，并按统一规定的时间逐级上报调查资料的一种方法。如果被调查单位原始记录完整，核算系统健全，用报告法就可以取得比较准确的调查资料。

4. 网上调查法

是指借助网络技术提供的各种工具，通过互联网搜集传输各种数据的一种调查方法。网上调查是在20世纪90年代开始迅速发展起来的。网上调查的具有以下优点：

(1)速度快。省略了印制、邮寄和数据录入的过程，问卷的制作、发放及数据的回收速度均得以提高，可以短时间内获得统计调查数据结果。

(2)费用低。印刷、邮寄、录入及调研员的费用都被节省下来。因此，较其他调查方法可省下可观的调查费用。

(3)易获得连续性数据。随着网上固定样本调查方法的出现，调查研究人员能够通过跟踪受访者的态度、行为和时间进行纵向调查，获得连续性数据。

(4)调查内容设置灵活。在网上，调查内容可以很容易地包含在市场、商贸或其他一般站点上，适当增加或减少调查内容，都比较容易做到。而采样其他方法，即使增加一两个问题，都可能增加较大的费用。

(5)调查群体大。网上可以接触大量人群。很难想像还有什么媒体可以提供那么大的调查研究群体。随着电脑的普及应用，网民将成为开展各种统计调查研究的理想调查对象。

(6)可视性强。网上调查还有一个独一无二的优点，即在视觉效果上能够吸引人，互联网的图文及超文本特征可以用来展示产品或介绍服务内容。声音及播放功能也可以加入到调查中。这是其他调查方式无法比拟的。

网上调查也有不足之处,如代表性问题、安全性问题、无限制样本问题等。

§2.1.4 统计调查误差

1. 统计调查误差的概念

是指统计调查取得的统计数据与调查对象实际数量之间的差。统计调查的目的是取得准确、及时、系统、完整的统计资料。但在实际工作中，调查取得的资料不一定都是准确的，有时会产生一定的调查误差。

2. 统计调查误差的分类

按产生的原因，可分为登记性误差和代表性误差。

(1)登记性误差是指在调查过程中，由于调查者或被调查者在有关环节的工作不准确而引起的误差。全面调查和非全面调查都会产生登记性误差。登记性误差又分为偶然登记性误差和系统登记性误差。

偶然登记性误差产生的原因很多，例如，调查人员工作态度不认真或技术技能低或理解有误或无意识失误等情况下发生的记录错误、抄录错误、计算错误、汇总错误以及被调查者回答不当出现的错误等。这种误差不具有倾向性，即在数路上不偏向于某一方。

系统登记性误差是指具有明显的倾向性、一贯性、且在数路上偏向于某一方的误差。例如，测量仪器不准确或人为歪曲事实、虚报、瞒报等。系统登记性误差无论是有意还是无意，危害性都很大。

登记性误差是主观因素形成的误差，从理论上讲是可以避免的。即可以通过完善调查方案、提高调查人员的素质和能力、采用现代化手段、加强各环节质量监控等，尽可能减少或避免登记性误差。

(2)代表性误差是指在用样本数据推断总体时产生的误差。代表性误差是非全面调查所固有的，由于用总体的一部分单位的数据来推算总体数量特征，当这部分单位不能完全反映总体的性质时，就产生了误差。

在非全面调查中，只有抽样调查可以计算代表性误差，所以代表性误差一般指抽样误差。抽样误差可以事先控制和计算，但无法消除。

3. 统计误差的预防

对于登记性误差，一是要制定完善的调查方案，选择适宜的调查方法，对调查人员进行严格培训，详细讲解调查项目、指标解释、计算方法等。二是认真贯彻调查方案，严格按照统计法规办事，实行严格有效的监督、控制和管理，把登记性误差降到最低限度。

对于代表性误差，如果是重点调查和典型调查，应在调查前加强调查研究，广泛征求意见，选出具有较高代表性的调查单位；如果是抽样调查，应严格遵守随机原则，适当增加样本容量，尽可能降低代表性误差。

§2.2 统计调查体系

为了适应我国改革开放和建立社会主义市场经济体制的需要，从根本上改变过去过分依赖全面统计报表的状况。1994年，国务院批转了国家统计局《关于建立国家普查制度，改革统计调查体系的请示》，对我国统计调查方法进行重大改革，逐步建立起以周期性普查为基础，经常性的抽样调查为主体，必要的统计报表、重点调查、典型调查和科学核算等为补充的多种方法综合运用的国家统计调查方法体系。

§2.2.1 普查

1. 普查的概念

普查是指一个国家或地区为详细了解某项重要的国情、国力而专门组织的一次性、大规模的全面调查。主要用来收集某些不能够或不适宜用定期的全面调查报表收集的信息资料，以搞清重要的国情、国力。世界各国一般都定期进行一些大型普查，以便掌握有关国情、国力基本的统计数据资料。

2. 普查的特点

主要特点有以下两个：

(1)普查比任何其他调查方式、方法所取得的资料更全面、更系统；

(2)普查主要调查在特定时期和时点上的社会经济现象总体的数量。

3. 普查的作用

主要作用一是为制定长期计划、宏伟发展目标、重大决策提供全面、详细的信息和资料；二是为搞好定期调查和开展抽样调查奠定基础。

4. 普查的优缺点

优点是收集的信息资料比较全面、系统、准确可靠；不足是涉及面广、工作量大、时间较长，而且需要大量的人力和物力、组织工作较为繁重。

5. 我国的普查项目和周期安排

1994 年，我国统计调查方法改革明确了普查在统计调查体系中的基础地位，正式确立国家周期性普查制度。普查项目包括人口普查、农业普查、工业普查、第三产业普查和基本单位普查等五项。其中人口普查、第三产业普查、工业普查、农业普查每 10 年进行一次，分别在逢 0、3、5、7 的年份实施；基本单位普查每 5 年进行一次，在逢 1、6 的年份实施。

2003 年对普查项目做出调整。调整后的普查项目和周期具体安排为：

(1)经济普查。将第三产业普查与工业普查、基本单位普查合并，同时将建筑业纳入普查内容，统称为经济普查。经济普查以企业事业组织、机关团体和个体工商户为对象，主要普查第二、三产业的发展变化情况。2004 年在全国进行了第一次经济普查,以后每 10 年进行两次，分别在逢 3、8 的年份实施。

(2)农业普查。以从事第一产业活动的单位和农户为对象，主要普查农、林、牧、渔业的发展变化情况。因其涉及全国广大农村和农户，具体组织、填报和审核汇总的工作难度很大，需要单独实施。每 10 年进行一次，在逢 6 的年份实施。2006 年进行了第二次全国农业普查。

(3)人口普查。以自然人为对象，主要普查全国人口和住房以及与之相关的重要事项。每 10 年进行一次，在逢 0 的年份实施。2000 年进行了第五次全国人口普查。

调整后的国家普查项目，不仅在数量上有所精简，而且在周期安排上也更趋合理。表明中国普查工作正进一步朝着制度化、法制化方向发展。特别是经济普查的覆盖面更全、数据更新更快，与国家编制五年计划的衔接更加紧密，资料的可比性、可用性将会得到明显提高；与国际上通行的作法也更趋吻合。同时，也有利于各项普查标准的协调统一和普查内容的相互衔接,从而使周期性普查、经常性抽样调查、定期统计报表和重点调查等相互衔接、互为补充。有力地推动了我国统计调查体系和国民经济核算的综合配套改革。

§2.2.2 抽样调查

1. 抽样调查的概念

抽样调查是从全部调查研究对象中，抽取一部分单位进行调查，并据以对全部调查研究对象作出估计和推断的一种调查方法。抽样调查是一种非全面调查，但它的目的是取得反映总体情况的调查资料，因此，它可以起到全面调查的作用。

根据抽取样本的方法，抽样调查可以分为概率抽样和非概率抽样两类。概率抽样是按照概率论和数理统计的原理从调查研究的总体中，根据随机原则来抽取样本，并从数量上对总体的某些特征做出估计推断，对推断结果可能出现的误差可以从概率意义上加以控制。非概率抽样是按照调查人员主观设立的某个标准抽选样本的抽样方式。在我国，习惯上将概率抽样称为抽样调查。

2. 抽样调查的特点

抽样调查有以下三个突出特点：一是按随机原则抽取样本；二是总体中每一个单位都有一定的概率被抽中；三是可以用一定的概率来保证将误差控制在规定的范围之内。

3. 抽样调查的具体抽样方式

主要有简单随机抽样、分层抽样、整群抽样、等距抽样等。(详细内容将在后面章节中论述)

4. 抽样调查的作用

一是能够解决全面调查无法或难以解决的问题;二是可以补充和订正全面调查的结果;三是可用于生产过程中产品质量的检查和控制;四是可用于对总体的某种假设进行检验。具有经济、实用、时效、准确、灵活等优点。

目前,抽样调查在我国社会经济中得到广泛应用。城乡居民收入水平、生活消费结构、生活用品消费量、恩格尔系数、CPI(居民消费价格指数)、国民经济景气指数、农民家庭生产经营情况、农产量、中小企业调查、1%人口抽样等大量影响国计民生的重要统计数据,都是通过抽样调查取得的。

§2.2.3 统计报表

1. 统计报表的概念

是按照国家统计部门统一规定的表格形式、指标内容、报送程序和报送时间,由填报单位以相关的原始记录为依据,自下而上逐级提供统计资料的一种统计调查方式。

国家利用统计报表定期取得社会经济发展情况的基本统计资料。统计报表包括的范围比较广、项目比较系统、分组比较齐全、指标内容和调查周期相对稳定,是国家取得统计调查资料的重要方法。

2. 统计报表的特点

统计报表主要有以下特点:

(1)统计报表的表格形式、指标内容、计算方法、报送时间和报送程序都由国家统一规定,受《统计法》和相关统计制度的约束,在报表实施的范围内,各单位都必须执行。

(2)统计报表自下而上逐级汇总上报,不仅可以满足国家管理的需要,也为各地区、各部门和基层单位社会经济、生产经营管理提供了基本的数据。

(3)统计报表是一种定期的、连续的、调查项目相对稳定的调查方式,有利于系统积累统计调查资料,进行动态对比分析。

(4)统计报表是建立在基层单位原始记录基础上的,准确可靠的基层数据能够保证统计报表数据资料的真实性和可靠性。

3. 统计报表的种类

目前,我国统计报表主要有以下几种分类:

(1)按调查范围不同。可分为全面调查统计报表和非全面调查统计报表。全面统计报表要求调查对象的全部单位填报,非全面统计报表只要求调查对象中的部分单位填报。非全面统计报表的数据资料可采用抽样调查、重点调查和典型调查的方式取得。

(2)按报表内容和实施范围不同。可分为国家统计报表、部门统计报表和地方统计报表。国家统计报表是国家社会经济基本统计报表,由国家统计部门统一制发,用以搜集全国性的社会经济发展基本情况。例如农业、工业、建筑、贸易、工资、财政、人民生活、科技、教育、文化、卫生等。部门统计报表是为了适应各部门业务管理需要而制定的专用报表。地方统计报表是根据地方特点和需要而制定的补充性统计报表。

(3)按报送周期长短不同。可分为日报、旬报、月报、季报、半年报和年报。

(4)按填报单位不同。可分为基层统计报表和综合统计报表。基层统计报表由基层行政企事业单位填报，综合统计报表由主管部门或部门根据基层报表逐级汇总填报。

它已形成一种制度即统计报表制度。执行统计报表制度，是各地区、各部门、各基层单位必须向国家和地方政府履行的一种义务。

4. 统计报表制度的内容

包括以下几个方面：

(1)表式。它是由国家统计部门根据研究的任务与目的而专门设计制定的统计报表表格，用于搜集统计资料。它是统计报表制度的主体。

(2)填表说明。它是对统计报表的统计范围、指标等作出的规定，具体有：

填报范围:即统计报表的范围，规定每种统计报表的报告单位和填报单位，各级统计部门与主管部门的范围等。

指标解释:对列入表的统计指标的口径、计算方法以及其它有关问题的具体说明。

分类目标:有关统计报表主栏中应进行填报的有关项目的分类。

其他有关事项的规定:除了以上各项规定以外的一些注意事项，如:报送日期、报送方式、报送分数等。

5. 统计报表的资料来源

主要是基层的原始记录、统计台账及基层的内部报表。原始记录是基层单位通过一定的卡、册等表格形式，对生产、经营、管理活动所进行的第一手纪录。统计台账是基层单位根据统计报表要求和基层生产经营管理需要，用一定的表格形式将分散的原始记录资料按时间顺序集中登录在一个表格内。内部报表是企业内部根据生产经营管理和核算工作的需要实行的定期报表。

§2.2.4 重点调查

1. 重点调查的概念

是在调查对象中，选择一部分重点单位作为样本进行调查的一种统计调查方法，是一种非全面调查。重点调查主要适用于那些反映主要情况或基本趋势的调查。如××省企业调查队在对全省近百户亏损企业进行的专项调查基础上，选择其中部分扭亏为盈企业进行的《××省扭亏为盈企业的调查》这一重点调查。

2. 重点单位的选取

重点调查的重点单位，通常是指在调查总体中具有举足轻重的、能够代表总体的情况、特征和主要发展变化趋势的那些样本单位。这些单位可能数目不多，但有代表性，能够反映调查对象总体的基本情况。

选取重点单位，应遵循两个原则：一是要根据调查任务的要求和调查对象的基本情况来确定选取的重点单位及数量。一般来讲，要求重点单位应尽可能少，而其标志值在总体中所占的比重应尽可能大，以保证有足够的代表性。二是要注意选取那些管理比较健全、业务力量较强、统计工作基础较好的单位作为重点单位。

3. 重点调查的特点

主要特点是:投入少、调查速度快、所反映的主要情况或基本趋势比较准确。

4. 重点调查的作用

根据重点调查的特点，重点调查的主要作用在于反映调查总体的主要情况或基本趋势。因此，重点调查通常用于不定期的一次性调查，但有时也用于经常性的连续调查。

§2.2.5 典型调查

1. 典型调查的概念

是从众多的调查研究对象中，有意识地选择若干个具有代表性的典型单位进行深入、周密、系统调查的一种统计调查方法。典型调查也是一种非全面调查。

进行典型调查的主要目的不在于取得社会经济现象的总体数值，而在于了解与有关数字相关的生动具体情况。

2. 典型调查的优缺点

优点是调查范围小、调查单位少、灵活机动、具体、深入，节省人、财、物力等。不足是在实际操作中选择真正有代表性的典型单位容易受人为因素的干扰，从而可能会导致调查的结论有一定的倾向性;典型调查的结果一般不宜用以推算全面数据。

3. 典型调查的类型

主要有两种类型:一是一般的典型调查，即对个别典型单位的调查研究。在这种典型调查中，只需在总体中选出少数几个典型单位，通过对这几个典型单位的调查研究，用以说明事物的一般情况或事物发展的一般规律。如××省组织实施的《××集团启示录——××市××集团成功改造国企超常发展的调查》，就是针对国有企业超常发展这一问题而进行的典型调查;二是具有统计特征的划类选点典型调查，即将调查总体划分为若干个类，再从每类中选择若干个典型进行调查，以说明各类的情况。

4. 典型调查的作用

其主要作用:一是在特定的条件下用于对数据的质量检查;二是了解与数据相关的生动具体情况。

§2.2.6 问卷调查

问卷调查是运用抽样调查等方法进行专项调查的一种独特形式，是国际上通行的一种专项调查形式，也是我国近年来进行专项调查的一种主要形式。虽然目前尚不属于我国统计调查体系的构成部分，但是在国家的社会、政治、经济、文化生活各方面，特别是在企业市场研究和社会民意调查中得到越来越广泛的应用。所以把这部分内容作以下重点介绍。

1. 问卷调查的概念

就是根据调查目的，制定调查问卷，由被调查者按调查问卷所提的问题和给定的选择答案进行回答的一种专项调查形式。

2. 问卷调查的特点

(1)通俗易懂，实施方便。采用问卷形式，将调查的问题和可供选择的答案均提供给被调查者，由其从中选择，容易被调查者接受。

(2)适用范围广。问卷调查既适用于对社会政治经济现象进行调查，也适用于对社会广大群众关心的问题进行调查。

(3)节省调查时间，提高调查效率。由于调查问卷中已将调查目的、内容、问题及可供选择的答案列出，因此一般情况下，只需由调查者进行选择回答即可。可节省时间，加快调查进度。

3. 调查问卷的设计

调查问卷设计的质量对调查质量及问卷调查的成败影响很大。根据调查目的、调查对象、调查方法来设计科学、有效的调查问卷，是一项技术性较强的工作。通常，在问卷设计之前，要初步熟悉和掌握调查对象的特点及调查内容的基本情况，然后结合实际需要与可能，全面、慎重考虑，多方征询意见，把调查问卷设计得科学、实用，以保证取得较好的调查效果。

(1)调查问卷的结构和内容。一份较好的调查问卷，通常按以下结构和内容设计：

①问卷的名称。应简明扼要，概括调查的主题，使被调查者明确主要的调查内容和调查目的。

②被调查者的基本情况。主要是指被调查者的一些主要特征。例如，对企业进行调查，其基本情况是指企业名称、单位代码、行政区划代码、企业地址、企业规模、企业所在国民经济行业、企业登记注册类型、职工人数、销售收入等。具体列入多少项目，应根据调查目的、调查要求而定，并非多多益善。

设置这些项目，一是为了满足对调查资料进行分组研究的需要；二是便于进一步了解被调查者情况；三是查询的需要。

③调查问卷的主体内容。就是调查者所要调查的基本内容，这是调查问卷中最重要的部分。由于采用问卷的形式，所以调查问卷的主体内容应主要是根据调查目的，提出调查的问题和可供选择的答案。调查问卷的主体内容主要包括以下三个方面：

一是人们的行为，包括对被调查者本人的行为或通过被调查者了解他人的行为。例如，对消费者的消费行为进行调查，就要调查消费者的具体消费行为。

二是人们的行为后果。例如，对开征利息税社会效应进行调查，就是向被调查者调查开征利息税对其实际收入的影响等。

三是人们的态度、意见、感觉、偏好等。例如，进行下岗职工再就业意向调查，就要调查目前是否有就业愿望、不愿再就业的原因、未能就业的原因、现在寻找工作的方式、希望从事哪些新工作、对政府及有关部门实施的再就业工程的要求或建议等。

设计调查问卷的主体内容应注意以下两点：一是内容不宜过多、过繁，应根据需要确定；二是上述三项内容并非每个专项调查问卷中都要设置，而应根据调查的需要决定。

④作业证明的记载。是指要在调查问卷的最后注明调查员的姓名、访问日期、访问时间等。如有必要，还需注明被调查者的姓名、单位或家庭住址、电话等，以便于审核和进一步追踪调查。

⑤问卷说明。一份完整的专项调查问卷，还应包括必要的问卷说明，通常包括：调查的目的和意义；指标解释、调查须知及其他事项说明等；如涉及需为被调查者保密的内容，必须

指明予以保密，不对外提供等，以消除被调查者的顾虑。

(2)调查问卷的形式。主要有：开放式、封闭式、半开放式三种形式。

所谓开放式调查问卷，是指对问题的回答不提供任何具体的答案，而由被调查人自由回答的调查问卷。使用开放式问卷的优点在于可以使调查得到比较符合被调查者实际的答案；缺点是有时意见比较分散，难以综合。

所谓封闭式调查问卷，是指答案已经确定，由调查者从中选择答案的调查问卷。封闭式调查问卷的优点是便于综合；缺点是有时答案可能包括不全。因此，使用封闭式调查问卷时，必须要把答案给全。

所谓半开放式问卷，是指给出部分答案(通常是主要的)，而将未给出的答案或用其它一栏表示，或留以空格，由被调查者自行填写。

(3)需要注意的问题。在调查问卷设计中，要注意以下几点：

①问卷要编码。目的是满足调查数据处理的需要。对此，切不可忽视；

②目的要明确、重点要突出、内容要简洁，避免可有可无的问题；

③提问自然、用词准确、通俗易懂、适合被调查者身份、易为被调查者接受与合作；

④要充分考虑到分析和研究的需要。

知识连接：市场调查案例

××牌啤酒市场调查报告

调查单位：××市场调查有限公司

调查内容：××市公交车身广告

调查范围：广告投放效应及媒体研究

调查时间：××年××月××日至××月××日

报 告 人：××

一、市场调查方案

(一)调查目的

1. 得出××啤酒车身广告受众的背景资料(如性别、年龄、家庭月收入等)；2. 对××啤酒车身广告效用进行客观中立的评估；3. 对××啤酒车身广告在××市投放的全部广告中所起的效用进行客观中立的评估。

调查背景说明：××啤酒车身广告发布效果实证是×××市场调查有限公司为客户提供的户外广告效果调查服务，以保证客户有科学的市场调查数据来衡量车身广告的效果，同时为客户以后的媒体投放计划提供策略上和数据上的支持。

这项研究由独立的第三方市场调查公司定期执行。该项调查规模庞大，在全国超过10个以上的城市进行了连续2年的测试，并且在这个基础上，×××市场调查有限公司建立了巴士广告投放效果预测模型。

××年的发布效果实证选取了部分案例，主要调查内容包括：品牌及广告的认知率、到达率、接触频次、广告心理传播幅度形态 CSP 等。

调查方法：定量研究，每个城市至少抽取 300 以上样本，每次在 4 个以上可变的调查地点上进行随机拦截问卷访问。

（二）调查时间

××××年×月×日至×月×日。

（三）调查地点

××市市区。

（四）调查对象

受访者要求：26～55 岁，男女不限。

（五）调查方式

根据问卷面对面访问受访者。

（六）抽样方法

随机街头拦截访问，根据年龄要求寻找受访者。

（七）调查地点及样本量

××购物广场（100 个样本）；××公园（100 个样本）；××休闲广场（150 个样本）；××小区（100 个样本）。

（八）问卷设计（略）

二、调查报告纲要

1. 啤酒行业分析：（1）前言；（2）消费习惯

2. 户外媒体使用行为研究

3. ××啤酒广告调查城市环境概况（××市）

4. ××啤酒广告效果研究及目标分析

5. ××啤酒广告效果评估结论

6. 结尾

三、调查报告内容

（一）啤酒行业分析

前言：随着炎炎夏日的来临，啤酒大战不可避免地在各地市场再次爆发。与以往几年不同的是，此轮啤酒大战的核心不再是价格因素，随着大众消费水平的提高，价格已不再是消费者啤酒消费决策的主要因素，而品牌和流行时尚却成为消费者自觉或不自觉的最主要的着眼点。

消费习惯一：一周内城市居民人均消费 2.49 罐罐装啤酒；3.4 瓶瓶装啤酒；2.73 杯扎啤。

消费习惯二：过去一年饮用过啤酒的人最常购买的品牌（全国）华润蓝剑占 11.4%；三得利占 7.2%；雪花占 4.9%；山城占 4%；××牌占 2.9%。

消费习惯三:外资啤酒品牌消费分析

1. ××牌、喜力、虎牌、贝克等消费者定位在年轻的男性;麒麟、汉莎等是中年男性;科罗娜是女性消费者。

2."洋啤"针对的目标消费群体主要是部分工作稳定、收入水平较高的年龄在25~35岁之间的年轻人，其消费意识与其现代的生活态度和时尚观点密切相关。

消费习惯四:

1."国啤"、"洋啤"、地区性啤酒生产企业的迅速发展，造成了啤酒行业的白热化竞争，必然导致啤酒行业内部的"重新洗牌"。规模化、个性化和品牌竞争成为啤酒企业进行势力较量的三大法宝。

2. 与此同时，消费者也变得更加挑剔，摈弃了"从一而终"的传统观念，成为啤酒消费时尚的追随者。

3. 低价格已不是啤酒市场竞争的决定性因素，决定性因素是品牌本身的价值和内涵。

(二)户外媒体使用行为研究

1. 广告就是尽快使消费者从不知晓到产生购买行动。不知晓的消费者将呈漏斗式的递减传递，越到底层人数越少。知晓，目标顾客必须先知道这个品牌或公司的存在。理解，他们必须知道这个产品是什么以及它们有什么作用。确信，他们必须在心态上倾向或确信要购买这个产品。行动，他们必须产生购买行动。

2. 广告的功能是把"产品及品牌信息传递给消费者"，其直接的结果，产生或未产生购买行动，消费者对所广告的商品，也会在知识或感觉上发生变化。

3. 广告的目标在于改变受众的态度，在这个过程当中，可分为未知、知名、理解、确信、行动(购买)五个阶段。所以，减低多少未知率(如50%减到30%)，提高多少知名率、理解率、确信率、购买率，便成为广告的目标。

4. 广告的传播幅度形态——CSP。一般情况下，消费者都经过五个阶段，最后借助促销力量，唤起购买行动将商品的知名率、理解率、确信率、购买率提高。用图形表示即传播幅度形态——CSP，它可以直观显示出达到品牌各传播阶段的消费者比例。

广告发布前与发布后所测定的CSP变化，就是因该广告所影响的心理改变的效果。通过调查，不仅能测出特定时段的广告效果，也能成为下次设定广告目标的重要资料。

广告效果主要指超强的视觉冲击力;最佳的视线效果;低成本，高效益;有独树一帜的创意;接触层面更广;接触的次数更多等。

在车身上作巨大的流动广告牌，加深品牌印象，在售点附近接触消费者，醒目的标题容易被看见。

(三)××啤酒广告效果研究及目标分析

××啤酒广告被调查受众的性别比例分布:女性占54%，男性占46%。

××啤酒广告被调查受众的年龄分布，46～55 岁的占 17%，36～45 岁的占 25%，26～35 岁的占 58%，这部分受众对百威啤酒品牌有较大的认识，并具有一定的购买力和购买潜力。

××啤酒广告被调查受众的收入水平分布，以 1000～3000 元居多。

××啤酒广告被调查受众的文化程度分布，大专以上学历的达到 41%。

××啤酒车身广告总体效果，在 521 名有效受访者中，表示“非常喜欢”的占 13%，“比较喜欢”的占 55%，“一般”的占 31%，“不太喜欢”的占 1%，“很不喜欢”的为零，因此，受访者对××啤酒车身广告的平均受欢迎程度趋近于“比较喜欢”。

××啤酒各类广告总体告知情况，在 521 名有效受访者中，有 355 名见过××啤酒报纸广告，304 名见过电视广告，243 名见过路牌广告，182 名见过候车亭广告，171 名见过灯箱广告，467 名见过车身广告，为××啤酒各类广告告知率第一。

（四）百威啤酒广告效果评估结论

抽样调查资料汇总结果表明：

1. 对广告受众来讲，户外媒体广告相对于电视广告、报刊杂志广告具有较强的选择性；公交车广告是一种能够吸引公众注意的重要广告形式。与其他户外媒体相比，公交车广告易于在受众中产生对产品的认知，易于得到受众的关注与信任；受众认为公交车广告具有较强的信息传递能力和影响能力，易于使受众了解产品特征、改变品牌印象等，进而影响受众的消费行为；公交车广告具有较强的流动性，可以全天候的进行信息的传播。

2. ××牌啤酒车身广告平均受众接触频率 1.4 次/周；广告知晓率 86.7%；广告领悟率 82.7%；广告美誉度 72.18%。

3. 被调查对象对公交车广告的印象较深的方面（多选）：各项总和大于 100%；××啤酒：色彩 76.2%、图案 35.9%、品牌 37.4%、广告语 28.2%、其他 1.5%。

4. 广告知晓度 = 被调查者中见过该广告的比例 × 正确回答广告品牌名称的比例

$$= (61.3\% + 15.9\%) \times 82.3\% \approx 63.5\%$$

被调查对象是否见过××啤酒的公车广告：肯定见过 242 人，占 61.3%；好像见过 63 人，占 15.9%；没见过 90 人，占 22.80%。

§2.3　统计调查方案

统计调查方案是统计调查工作有计划、有组织、有系统进行的保证。统计调查的对象是社会经济现象，其大量性和复杂性决定了任何一项统计调查任务，都是一个系统工程。一个规模较大的统计调查项目，往往需要动员大批人员、甚至成千上万人协同工作才能完成。因此，为了在调查过程中统一认识、统一步调、统一方法、统一内容，保证统计调查资料的准确、及时、全面，无论采取什么调查方式搜集资料，都必须在调查开始之前做好各项准备工作，根据需要和可能，设计一套周密的、切实可行的统计调查方案。统计调查方案应包括以下基本内容:调查目的、调查对象、调查项目、调查表、调查时间和调查时限、调查的组织工作。

§2.3.1　确定调查目的和任务

制定统计调查方案首先要解决的问题就是明确调查的目的和任务。不同的调查目的和任务，决定着不同的调查内容和范围、需要不同的调查资料，不同的调查资料又需要不同的搜集方法。任何社会经济现象，都可以根据不同的目的、任务，从不同的角度、用不同的方法来搜集资料。例如，对于农村经济情况的调查，既可以从农业生产方面来考虑，也可以从农民生活消费方面来考虑，还可以从生产经营成本和农业科技推广应用等方面来考虑。目的不明，任务不清，就无法确定向谁调查，调查什么，怎样调查等一系列问题，以致无法开展工作。调查目的和任务，应根据社会经济实际需要，结合调查对象特点来制定。目的要具体，重点要突出。例如，2006 年第二次全国农业普查的目的是:全面掌握我国农业、农村和农民的基本情况，为研究制定经济社会发展规划和科学决策提供依据，为农业生产经营者和社会公众提供统计信息服务。

§2.3.2　确定调查对象和调查单位

调查对象是根据调查目的和任务所确定的研究总体，也称统计调查总体。确定了调查对象，就可以明确调查的总体界限，避免因界限不清而影响统计调查资料的准确性。例如，2000 年第五次全国人口普查的对象确定为:具有中华人民共和国国籍并在中华人民共和国境内常住的人。

调查单位是构成调查对象的每一个具体单位，也就是总体单位。它是调查对象的组成要素，是调查项目和内容的承担者。确定了调查对象，就解决了向谁搜集资料的问题。例如，人口普查的调查单位是每一个人。

在确定调查对象时，还必须确定报告单位。报告单位是负责报告统计调查资料的单位，也是调查对象的组成要素。

调查单位是调查资料的直接承担者，报告单位是负责报告统计调查资料的单位。根据调查目的和任务的不同，二者有时一致，有时不一致。例如，工业企业生产经营情况调查，每一工业企业既是调查单位，又是报告单位;工业企业职工收入状况调查，每一职工是调查单位，工业企业是报告单位。

§2.3.3　确定调查项目

调查项目是统计调查中所要登记的调查单位的特征，也称为统计标志。就是要调查的具体内容，它是解决向调查单位调查什么的问题。

调查项目直接关系到调查资料的质量，确定调查项目时，应注意以下几点：①只选择与调查目的和任务直接有关的标志作为调查项目，以减少工作量；②所选择的项目能够取得确切资料，以保证调查资料的全面性和准确性；③各项目之间尽量能够互相联系，以便互相核对；④与过去同类调查项目尽量互相衔接，以便进行动态比较和分析。

§2.3.4　制定调查表

将调查项目按一定的顺序排列在一定的表格上，这就是统计调查表。制定调查表的目的是保证统计资料的规范化和标准化。它是容纳调查项目、搜集调查资料的基本工具，是调查方案的核心部分。运用调查表不仅能够条理清晰地反映搜集的资料，而且便于调查资料的汇总整理。

调查表一般由表头、表体和表脚三部分构成。表头用来标明调查表的名称以及填写调查单位（填报单位）的名称、性质、隶属关系等；表体是调查表的主体部分，包括调查项目及其数量表现、栏号、计量单位等；表脚包括调查者签名及调查日期等。以人口普查表为例，如下表所示。

户主姓名底册（参考样式）

县　　　　乡
市（区）　镇、街道　普查区　普查小区　普查小区户籍人口总数：　人

户编号	房屋编号	本户地址	户主姓名	应在本户登记人数	1999.11.1－2000.10.31		本户户籍人口中		暂住本普查小区离开户口登记地不满半年人数	备　注
					出生人数	死亡人数	外出不满半年人数	外出半年以上人数		
1	2	3	4	5	6	7	8	9	10	11
合计										

普查员（签名）：　　　　　　　　　　　　2000 年 10 月　日

调查表有单一表和一览表两种形式。单一表是一个调查单位填写一份表格，可以容纳较多的项目。一览表是一张表格可以登记许多调查单位的调查资料，在调查项目不多时较为简便（如上表）。

调查表一般都附有填表说明和指标解释。填表说明是使用表格时应注意的事项。指标解释是为了说明调查表中每一个指标的含义，包括范围、计算方法等。

§2.3.5 确定调查时间和时限

调查时间是指调查资料所属时间。如果调查的是时期资料，调查时间是资料所反映的起始时间；如果调查的是时点资料，调查时间就是统一规定的标准时点。

调查时限是指进行调查工作的期限，包括搜集资料和报送资料的整个工作所需要的时间。例如，某管理局要求所属企业在2007年1月底以前上报2006年工业总产值资料，则调查时间是一年，调查时限是一个月。

§2.3.6 确定调查工作的组织实施计划

为确保整个统计调查工作顺利进行，调查方案还应有一个完善的组织实施计划。主要内容包括：调查领导机构和办事机构，调查人员的组织，调查的方式方法，调查资料报送管理，调查成果的发布和提供，前期准备工作，如宣传发动、经费预算、人员培训、组织试点等。

知识连接：调查方案实例

第二次全国农业普查综合试点方案

一、试点目的

通过在试点地区全过程组织实施农业普查，全面检验第二次农业普查方案的可行性、科学性和系统性，取得组织实施农业普查各个环节的具体经验，为顺利开展第二次全国农业普查工作奠定基础。

二、试点对象

××省××市××区。

三、试点内容

综合试点内容包括农业普查的全过程，具体包括机构组建、宣传动员、普查员选调、方案培训、清查摸底、入户登记、复查审核、手工汇总、普查表封装、数据处理、事后质量抽查、试点总结等环节。

四、试点实施步骤

（一）成立试点机构

综合试点由国务院第二次全国农业普查办公室负责组织领导综合试点工作。按照普查分级组织和领导模式，由××省农普办按照普查组织领导机构及其职责实施细则的要求，组织指导试点区、镇的普查机构的组建。

（二）宣传动员

由××省农业普查办公室按照国家有关农普的宣传要求，组织指导试点区、镇的宣传工作。

具体试点区、镇按照××省农普办的要求，充分利用各种媒体及各种行之有效的宣传形式，宣传第二次全国农业普查的意义和要求，广泛动员和组织各方面的力量组织好具体的宣传工作，为农业普查的具体实施营造良好的环境。

（三）普查员的选调

根据试点地区普查对象的数量、工作的难易程度等，由具体负责试点的区、镇普查领导机构抽调或者招聘符合普查要求的普查员和指导员，组成完成普查工作的必要的基层工作人员。

（四）组织培训

由国家农普办组织对××省及各省现场观察人员的培训，由××省组织试点区、镇对普查员、普查指导进行培训。

国家农普办对省的培训内容包括普查方案及其指标解释以及实施细则的讲解，目标是使省普查办人员了解方案设计的意图、方案的具体内容和组织实施方法。试点区、镇的培训重点是对普查的清查摸底、普查表各项指标的解释及填报方法、人工数据审核方法等各项细节进行培训，目标是使普查员能够准确、高效、及时地完成登记工作。

（五）清查摸底

由具体负责实施农业普查的镇、村农业普查试点机构组织普查员对本普查小区内的住户和单位进行清查。目标是按照清查摸底实施细则的要求，查清辖区内全部普查对象的基本情况。清查摸底的结果是要绘制普查区和普查小区的地图，并编制各普查小区的住户和单位的名录。

在城镇地域，由区、镇普查机构根据工商、税务、民政、编制办、质检等机构提供的单位资料，找出符合普查对象条件的单位，形成城镇地域农业生产经营服务单位。有农业用地和单独农业生产设施的居委会，还需要对农业生产经营户进行清查。

在清查中发现普查小区内住户的属性不清、普查单位界限划分不清等问题时，要逐条研究并提出解决办法。同时，国家和省两级普查试点机构对有关问题进行解答和确认。

（六）普查登记

按照普查区和普查小区，以及城镇地域的住户和单位名录按类发放普查试点表，进行各项具体的登记工作。

负责各普查小区的普查员在指导员的指导下对住户类普查表进行访问登记。

乡镇和行政村的普查表由试点地区普查机构统一布置，由乡镇政府统计机构和村委会有关人员填报。

农业生产经营服务单位普查表由试点地区普查机构统一布置填报。

普查试点表的时期指标填写2005年度数据，时点指标填写2005年12月31日数据。

（七）复查审核

普查登记工作完成之后，要由区农业普查办公室按照普查实施细则有关复查的工作细则和质量检查办法，制定详细的质量检查方案，对普查登记数据的进行复查和人工审核，对发现的填报差错做好记录，将普查登记数据控制在质量要求范围之内。

（八）手工汇总

根据手工汇总实施细则，由区、镇农业普查办公室组织普查指导员和普查员对住户、单位、村、乡镇有关情况进行手工过录和汇总。

（九）普查表封装

完成手工汇总后普查表要进行普查封装练习，确保调查表不折不皱，整洁安全。试点结束后全部普查表将被带回，国家农普办进行光电录入测试。

（十）数据处理

数据处理包括普查数据的录入和必要的编辑、审核和汇总处理等。县一级农普办组织人员使用统一的数据处理软件进行手工录入，并进行机器必要的编辑、审核和汇总试验；对数据处理过程中发现的问题做好记录。

（十一）事后质量抽查工作

根据事后质量抽查实施细则，开展抽查登记、抽查结果与普查结果比较、汇总等工作。

（十二）综合试点总结

在综合试点过程中，普查员要根据工作情况，每天填写试点工作日志，将试点工作进展情况、遇到的问题、解决的办法等逐一记录下来。在试点工作结束后，试点地区要对试点的全过程进行认真全面总结，总结出能够在全国农业普查实施的经验。

国家农业普查试点现场工作组根据工作的进展情况，及时负责组织召开各种现场讨论会，解决普查中出现的各种问题。同时还要组织召开各种专题讨论会，研究普查全面铺开后可能出现的问题及解决方法。

五、重点研究的问题

（一）普查范围、对象和原则是否有明显缺陷，以至产生普查登记对象和内容的重漏？

（二）普查内容是否基本符合需要，指标分类和解释是否完整、准确，收集是否简便，填写是否方便？

（三）清查摸底、登记、复查、手工汇总、事后质量抽查以及普查资料保管等各细则工作步骤是否清晰、可行？

（四）清查摸底表是否能达到识别普查登记对象的目的，难易程度？

（五）摸底表、过录表、手工汇总表是否配套并能达到预定目的？

（六）事后质量抽查各种表是否配套，是否能达到预期目的？

（七）如何向普查对象宣传农业普查并使他们更好地配合普查？

（八）普查培训工作如何组织才能使普查员更快更好地掌握普查登记技能？

（九）普查实施的各阶段，特别是摸底、登记、复查、手工汇总阶段的工作量、工作强度以及时间安排。

六、综合试点工作的时间安排

综合试点工作安排在2006年4月~5月。

七、试点要求

综合试点要求试点地区按全国农业普查试点方案组织试点，并根据本地实际情况制定具体普查试点操作办法。对于综合试点，主要强调以下三个方面：

（一）高度重视，加强领导

综合试点工作是农业普查的重要环节，通过综合试点，需要探索国家农业普查方案的可行性和实施办法的普遍性，为全国农业普查的铺开打下坚实的基础。因此，要求综合试点地区各级农业普查机构要从思想上对试点工作予以高度重视，加强领导。

（二）认真组织，做好普查各项组织实施工作

综合试点工作要求试点地区一定要认真做好各项组织工作，按照正式普查的要求和工作流程认真组织综合试点，并抓好各项试点工作的落实，高质量完成试点工作，切实保障综合试点能为全国农业普查的正式开展提供经验。

（三）认真总结，及时发现问题和解决问题

在综合试点过程中，试点地区要勇于开拓，积极实践，在实践中认真总结试点过程中所出现的问题，及时发现全国农业普查正式实施后可能出现的问题，并提出行之有效的解决办法。

八、试点方案的印发

试点使用的各类普查表和普查方案，由国务院第二次全国农业普查领导小组办公室印发。

九、试点后续工作

综合试点结束后，试点地区要认真总结试点工作，及时向国务院第二次全国农业普查领导小组办公室上报下列资料：

1. 试点工作总结报告，包括主要做法、经验和存在问题；
2. 试点地区数据、汇总结果和分析报告；
3. 对农业普查方案、实施细则的改进意见；
4. 对农业普查组织实施的意见；
5. 试点工作经费情况，包括宣传、培训和调查补贴等经费支出情况。

思考题：

1. 统计调查的概念和意义是什么？
2. 搜集统计调查资料主要有哪些具体的方法？
3. 我国的统计调查体系主要运用哪些调查方法？它们各处于什么地位？
4. 什么是抽样调查？它有哪些优点？
5. 我国的普查项目有哪几项？它们的普查对象和主要内容分别是什么？
6. 设计调查问卷应注意哪些问题？
7. 设计统计调查方案应包括哪些基本内容？

教学参考资料：

《统计学原理》,李洁明，祁新娥，复旦大学出版社，2004 年 11 月第三版
《社会经济统计学原理》，黄良文，中国统计出版社
《统计学原理》，黄良文，中国统计出版社
《统计学原理习题解答问题辨析》，陈仁恩，中国统计出版社
《统计学案例集》，董逢谷，上海财经大学出版社
《统计学》，徐国祥，上海财经大学出版社
《统计学》，贾俊平，中国人民大学出版社

案例讨论：

为贯彻科学发展观，加强环境监督管理，发展生态文明，促进节能减排，加强环境监督管理，提高科学决策水平，我国将在近期开展污染源调查。目的是通过调查，掌握各类污染源的数量、行业和地区分布情况，了解主要污染物的产生、排放和处理情况，建立健全重点污染源档案、污染源信息数据库和环境统计平台，为制定社会经济发展和环境保护政策、规划提供依据。

讨论问题：

1. 你认为这项调查采用哪种调查方法合适？为什么？
2. 你认为由什么部门牵头较为合适？为什么？
3. 请你按照选取的调查方法写出调查方案要点。

第3章 统计整理

主要内容

1. 统计整理的涵义
2. 统计分组的作用
3. 分配数列的种类
4. 统计表的概念和作用
5. 统计图式样

引导案例:

2006年末全国人口及收入状况

2006末全国总人口为131448万人，比上年末增加692万人。全年出生人口1584万人，出生率为12.09‰;死亡人口892万人，死亡率为6.81‰;自然增长率为5.28‰。出生人口性别男女比例为106:100。

表3-1　　2006年人口数及其构成　　单位:万人

指　标	年　末　数	比　重(%)
全国总人口	131448	100.0
其中:城镇	57706	43.9
乡村	73742	56.1
其中:男性	67728	51.5
女性	63720	48.5
其中:0~14岁	25961	19.8
15~59岁	90586	68.9
60岁及以上	14901	11.3
其中:65岁及以上	10419	7.9

2006年,农村居民人均纯收入3587元,扣除价格上涨因素,比上年实际增长7.4%;城镇居民人均可支配收入11759元,实际增长10.4%。农村居民家庭恩格尔系数(即居民家庭食品消费支出占家庭消费总支出的比重)为43%,城镇居民家庭恩格尔系数为35.8%。按农村绝对贫困人口标准低于693元测算,年末农村贫困人口为2148万人,比上年末减少217万人;按低收入人口标准694~958元测算,年末农村低收入人口为3550万人,比上年末减少517万人。

§3.1 统计整理概述

§3.1.1 统计整理的意义

统计整理是统计工作的第三阶段，是统计调查的继续，也是统计分析的前提，在统计工作中起着承上启下的作用。

统计整理是根据统计研究的目的，将统计调查所得的大量个体资料，采用科学的方法进行加工整理、综合汇总，使之系统化、条理化、科学化，以得出能够反映现象总体综合数字资料的工作过程。

统计调查搜集的大量的原始资料，是分散的、零碎的、杂乱的，只能反映总体单位的个体特征，属于反映事物表面现象的感性材料。只有统计整理后的综合数字资料，才能显现出现象总体的全貌及其数量特征，为统计分析提供科学的依据。同时，即使统计调查搜集的原始资料十分丰富、正确和详尽，如果不按科学的方法进行加工整理，会使丰富的资料失去其价值，也不能进行科学的统计分析。

§3.1.2 统计汇总的组织形式

1. 逐级汇总

按照一定的统计管理体制，自下而上逐级汇总，上报统计资料的一种组织形式，也称分级汇总。我国现行的统计报表制度就是采取这种组织形式。

2. 集中汇总

将全部调查资料集中到组织统计调查的最高一级机关统一汇总的组织形式称为集中汇总。

§3.1.3 统计资料整理的一般步骤

统计整理是一项细致而周密的工作，需要有计划、有组织的进行。因此需要设计一个完整的统计整理方案，一般来讲，统计整理可分为以下步骤：

1. 设计整理方案；
2. 对调查资料进行审核、订正；
3. 对调查资料进行科学分组，并进行汇总计算；
4. 编制统计表或绘制统计图。

§3.2 统计分组

§3.2.1 统计分组的作用

统计分组就是根据被研究现象总体的内在特征和统计研究的目的选择一定标志将总体划分为若干不同类型或不同性质的组的方法。

统计分组具有以下作用：

1. 划分现象的类型

社会经济现象虽然复杂多样，但客观上存在着各种不同的类型，各种不同类型的现象又有着各自的运动形式和本质特征。因此，利用统计分组可将现象区分为各种性质不同的类型，以便研究各种不同现象的数量差异和特征及其相互关系。如人口统计中，可将庞大的人口总体按职业、经济收入、文化程度等标志划分为若干不同的组，研究人口的社会构成状况以及各类型人口间存在的本质差异。

2. 研究现象的内部结构

只有通过统计分组，才能计算出各组数值在总体数值中所占比重，才能反映现象内部构成，说明现象总体的基本性质及特征。同时，对现象内部结构的变化进行动态研究，还可以反映现象总体结构发展变化的过程、趋势和规律。

3. 分析现象之间的依存关系

社会经济现象不是孤立存在的，现象之间总是相互联系、相互制约、相互影响的。通过统计分组可揭示这种现象数量上的联系和依存关系。在统计实践中，通常是将现象总体按某一标志分组的同时，列出与其有联系的另一标志的分组情况加以分析，例如劳动生产率与产品成本之间的关系，商品销售额与流通费用水平之间的关系等。

§3.2.2 选择分组标志的依据

分组标志是将总体划分为性质不同的组别的依据和标准。正确选择分组标志，应遵循下列原则：

1. 根据统计研究的目的和任务选择分组标志。
2. 要选择最能反映现象本质的分组标志。
3. 根据现象所处的历史条件和经济条件选择分组标志。

§3.2.3 统计分组的方法

1. 分组标志的选择和组的划分

分组标志就是用来作为分组依据的标准。统计分组的关键在于选择分组标志和划分各组界限，选择分组标志是统计分组的核心问题，因为分组标志与分组的目的有直接关系。任何一个统计总体都可以采用许多分组标志分组。分组时所采用的分组标志不同，其分组的结果及由此得出的结论也不会相同。这是因为分组标志一经选定必然表现出总体在这个标志上的差异情况，但同时又掩盖了其它标志的差异。如果分组标志选择不恰当，不但无法表现出总体的基本特征，甚至会把不同质的事物混在一起，从而掩盖和歪曲现象的本质特征。划分各组界限，就是要在分组标志的变异范围内，划定各相邻组间的性质界限和数量界限。那么如何正确选择分组标志呢？第一，要根据统计研究的目的选择分组标志。第二，必须根据事物内部矛盾的分析，选择反映事物本质的分组标志。第三，结合被研究事物所处的具体历史条件选择分组标志。

分组标志有品质标志和数量标志。按品质标志分组就是按事物的质量属性分组。例如，人口按民族、职业分组，工业企业按所有制分组等。按品质标志分组，有些比较简单，例如人口按性别分组。但有些比较复杂，例如，工业产品按种类分组。按数量标志分组，即按事物的数量特征分组。例如，工业企业按职工人数分组。按数量标志分组时，根据每组数量标志值的具体表现，又分为单项式分组和组距式分组两种。

2. 统计分组的种类

统计分组按某一分组的标志的多少和组合情况分为简单分组和复合分组。简单分组，就是对被研究现象只按一个标志进行的分组。例如，将工业企业职工分别按年龄、工龄、文化程度等标志进行分组。简单分组只能说明被研究现象某一方面的差别情况。

复合分组，是采用两个或两个以上的标志结合起来进行分组。例如，将工业企业先按所有制这个标志进行分组，在此基础上，再按企业规模这个标志分组。采用复合分组，可以对被研究的现象作更深入的分析。但也不宜采用过多的标志进行复合分组，以免组数过多，反而难以显示出事物的本质特征。由于客观事物是非常复杂的，有时需要从不同角度来分析研究，才能认识事物的本质，因此，常常要采用一系列相互联系、相互补充的分组来进行分析。这一系列相互联系的分组，称为分组体系。例如，对企业职工的分析，就常用按工作性质、年龄、文化程度等标志进行许多分组，组成分组体系，从各个方面反映企业职工的各种特征，就可对企业职工获得比较全面的认识。

§3.3 数列分配

§3.3.1 分配数列的概念和种类

1. 分配数列的概念

将统计调查得来的大量数据资料，按一定标志分组所形成的统计数列，叫分配数列，也叫次数分布。其总体单位数叫次数，又叫频数。各组次数与总次数之比叫比率，又称频率。

分配数列主要来研究总体各单位的分配情况，进而反映总体的结构变化，是进一步分析总体某一标志的平均水平及其变动规律的一种重要的统计方法，是统计资料整理的一种重要形式。

2. 分配数列的种类

在分配数列的编制过程中，按选用的分组标志的不同，可分为品质分配数列（简称品质数列）和变量分配数列（简称变量数列）。

(1) 品质数列

按品质标志分组所形成的分配数列，称为品质数列。

品质数列的构成要素有二：一是各组的名称；二是各组的单位数（或称次数、频数）。

品质数列一般比较稳定，能准确地反映总体的分布特征，如表3－2所示。

表3－2　我国2001年人口按性别分组

性别	人数（万人）	比率（%）
男	65672	51.46
女	61955	48.54

资料来源：《中国统计年鉴》2002年

(2) 变量数列

按数量标志分组而形成的分配数列，称为变量数列。

变量数列的构成要素有二：一是各组的变量值；二是各组的单位数，即次数或频率。

变量数列是统计分配数列的重要数列之一，它对于研究总体单位的分布状况与规律，制定标准和规范，以及研究抽样调查的理论和方法，都具有重要意义。

变量数列按各组变量值表示方式的不同，可分为单项式变量数列和组距式变量数列。

①单项式变量数列。它是以一个变量值为一组而编制的变量数列，又称单项数列。一般情况下，如果离散变量值变动范围不大，且项数不多，可以编制单项数列，直接按变量值大小顺序排列，把总体单位按组分列，并求出各组次数。例如，表3－3就是一个单项数列。

表3－3　**某厂工人生产A零件的统计表**

按生产零件个数分(件)	工人数(人)	比重(%)
6	35	9.21
7	46	12.11
8	182	47.89
9	70	18.42
10	47	12.37
合计	380	100.00

②组距式变量数列。它是以变量值的某个变动范围为一组而编制的变量数列。例如，表3－4就是一个组距数列。

表3－4　第五次全国人口普查人口按年龄分组

年龄(岁)	人数(万人)
0～14	28975
15～64	88798
65及以上	8810
合　计	126583

资料来源:《中国统计年鉴》2002年

从表3－4中可以看出，组距数列的每组拥有若干个变量值，表中列出的只是若干标志值的两端值，形成变量值的间隔距离，故简称为组距数列。

一般情况下，当变量值变动范围较大，总体单位数较多时，可以编制组距数列。

在组距数列中，涉及到一些概念，现作简单介绍。

(1)组数，即组的数目。表3－4中组数为3。

(2)组距，即分组的数量界限，包括上限和下限。各组的最大值称作该组的上限，最小值称作该组的下限。表3－4中，第一组的上限为14，下限为0。

(3)闭口组和开口组。上限和下限都齐全的组称闭口组，有上限而缺下限或者有下限而缺上限的组称开口组。如表3－4中第一组和第二组为闭口组，第三组为开口组。一般当资料中存在特大或特小变量值时，采用开口组可避免组数增加过多或组距过大。

(4)组距，即各组上限与下限之差。如表3－4中第一组组距为14，第二组组距为49。组距数列有等距和异距之分。各组组距都相等的组距数列，称作等距数列。各组组距不相等或不完全相等的组距数列，称作异距数列。如表3－4所示。

(5)组中值，即各组上限与下限的中点值。在闭口组中，组中值的计算公式为:

组中值 =(上限 + 下限)/2

如表 3 - 4 中,第一组的组中值为 7 岁。在开口组条件下,组中值的计算可参照邻组组距求得,计算公式为:

缺下限组组中值 = 上限 - 邻组组距/2

缺上限组组中值 = 下限 + 邻组组距/2

表 3 - 4 中末组组中值应为:

末组组中值 =65 +49/2 =89.5 岁

组中值是用来代表各组实际变量值的一般水平的,其前提条件是:各组的变量值在其组内是均匀分布的,或在组中值两侧呈对称分布。事实上,完全满足这一条件的可能性很小,所以组中值实际上只是各组变量值实际水平的近似代表值。

§3.3.2 变量数列的编制方法

变量分布数列简称变量数列,是指按数量标志分组所形成的分布数列叫变量分布数列。例如表 3 - 5。

表 3 - 5 变量分布数列

学生按考分分组(分)	学生人数(人)
60 以下	5
60 ~ 70	15
70 ~ 80	18
80 ~ 90	10
90 ~ 100	2
合 计	50

由于对变量进行分组有两种方法:单项式分组和组距式分组,所以变量数列也相应地可分为单项数列和组距数列。

1. 单项数列

单项数列是指以每一个变量值作为一组,按各组顺序简单排列而编制的变量数列。如表 3 - 6。

表 3 - 6

居民家庭按子女数分组	户数(户)
0	2000
1	30000
2	8000
3	6000
4	4000
合 计	50000

2. 组距数列

组距数列是指以两个表示一定范围的变量值作为一组,按各组顺序排列而编制的变量数列。例如表3-4。

根据变量数列各组的组距是否相等还可分为等距数列和不等距数列。

变量数列又有单项式数列和组距式数列之分,这与变量分组分为单项式分组和组距式分组是一致的。

对于品质数列来说,如果分组标志选择得好,分组标准定得恰当,则事物性质的差异表现得也比较明确,总体中各组如何划分较易解决。因而品质数列一般比较稳定,通常能够准确地反映总体的分布特征。对于变量数列来说,因为事物性质的差异表现得不甚明确,决定事物性质的数量界限往往因人的主观认识而异,因此按同一数量标志分组时有出现多种分布的可能。为了使变量数列能比较准确地反映总体的分布特征,除了按照前面所讲的数量标志分组的原理进行分组外,着重讨论分配数列的另一个要素,即各组单位数问题。

变量数列中的各组单位数表示我们所要考察的标志值在各组中出现的次数,所以称为次数或频数。各组次数占总次数比重称为频率。

3. 举例说明变量数列编制的过程

例如,根据抽样调查,2005年,某城镇50户居民家庭平均每人每月生活费收入的资料如下:

(单位:元)

995 822 794 773 670 980 827 798 776 746 811 950 740 775 796
824 990 629 764 788 650 771 791 819 960 600 762 786 809 920
837 580 760 784 804 863 550 759 783 803 500 753 781 801 829
520 757 781 803 832

这些资料比较分散零乱,直接看不出有什么特征,如果我们将这些数字按大小顺序,从小到大排列起来:

500 520 550 580 600 629 650 670 740 746 753 757 759 760 762
764 771 773 775 776 781 781 783 784 786 788 791 794 796 798
801 803 803 804 809 811 819 822 824 827 829 832 837 863 920
950 960 980 990 995

通过这样序列化,是可以得到一些基本认识的:50户居民家庭人均月生活费收入的波动并不是杂乱无章的,而是呈现一定的规律性。首先,波动的幅度是在500~995元之间,数列两端变量值之差即全距为995-500=495元。其次,可以看出大多数家庭在700~900元之间,偏低或偏高的都很少。

现在按人均月生活费分组,并列出各组工人数,编成分配数列,这种规律就可以更明显地表现出来。

根据这50户居民家庭人均月生活费收入序列化后所呈现出一定规律性的认识,参照上面所说一系列分组方法原理,我们假定把变动全距分成为5个相等的组距,则组距为495÷5=91元,化整为100元。这里,最小变量值为500元,如果第一组下限为500,则各组上下限化整为500~600元,600~700元,700~800元等等。在这里,最好采用开口式的分组,可以把小于500的数值都包括进来。然后计算每一组的工人数及其比重,就形成变量数列,见表3-7。

表 3－7　　居民家庭人均收入分布表

家庭人均月生活费收入	家庭户数	各组家庭户数占总户数的比重(%)
600 以下	4	8
600～700	4	8
700～800	22	44
800～900	14	28
900 以上	6	12
合计	50	100

从这个变量数列看出,这 50 户居民家庭人均月生活费收入呈现“两头小,中间大”的分布,规律性是很明显的。有时编制组距式数列,该用多大组距,组数多少,可能陷入盲目性,不妨先按小组距分组,然后逐步合并组距,从比较中择其优者。就上例来说,若先按 10 元组距来编制分配数列,将发现各组单位数分散,有的组单位数很少,看不出什么规律性。当组距扩大到 50 元、100 元时,规律性就十分明显了。要知道,这种组距合并的方法是很方便的。

§3.4　统计表

§3.4.1　统计表的概念和作用

1. 统计表的概念

统计调查所得来的原始资料，经过整理，得到说明社会经济现象及其发展过程的数据，把这些数据按一定顺序排列在表格上，就形成了统计表。

2. 统计表的作用

统计表在实际工作中运用很广泛，其主要作用是：

①统计表能清晰地表述统计资料的内容，使其条理化。

②用统计表格表述统计资料，简明易懂。

③用统计表反映各指标之间的关系，有利于统计的计算和分析。

④运用统计表反映数字资料，易于检查和改正错误。

§3.4.2　统计表的构成及种类

1. 统计表的结构

统计表的结构，可以从表式和内容两个方面来认识。

从表式上看，统计表是由综合交叉的线条组成的一种表格，包括总标题、横行标题、纵栏标题和指标数值四个部分。总标题是统计表的名称，它扼要地说明该表的基本内容、指标时间和范围。它置于统计表格的正上方。横行标题是横行的名称，一般放在表格的左方，用以列示总体或各组的名称。纵栏标题是纵栏的名称，一般放在表格的右上方，用以说明总体或各组的各项数字资料的名称。指标数值列在横行和纵栏的交叉处，用来说明总体及其组成部分的数量特征。具体格式如表 3－7 所示。

从内容上看，统计表由主词栏和宾词栏两个部分组成。主词栏是统计表所要说明的总体及其组成部分;宾词栏是统计表用来说明总体数量特征的各个统计指标。主词一般放在表的左方即列于横行,宾词一般列在表的右方即列于纵栏。必要时主宾词可以变换位置或合并排列。

此外,统计表还有补充资料、注释、资料来源、填报单位、填表人等。

2. 统计表的种类

统计表按主词是否分组和分组程度分为简单表、分组表和复合表。

(1)简单表

是主词未经任何分组,仅列出总体各单位数的名称或按时间先后顺序简单排列的统计表,如表 3 – 8 所示。

表 3 – 8　　我国各项税收收入情况表

	2000 年	2001 年	2001 年比 2000 年增长(%)
增值税	4553.17	5357.13	17.66
营业税	1868.78	2064.09	10.45
消费税	858.29	929.99	8.35

资料来源:《中国统计年鉴》2002 年。

表 3 – 9　　全国城乡居民储蓄存款年底余额和年增加额　　单位:亿元

年份 \ 金额	年底余额	年增加额
1992	11759.4	2517.8
1993	15203.5	3444.1
1994	21518.8	6315.3
1995	29662.3	8143.5
1996	38520.8	8858.5
1997	46279.8	7759.0
1998	53407.5	7615.4
1999	59621.8	6253.0
2000	64332.4	9457.6
2001	73762.4	

资料来源:《中国统计年鉴》2002 年

简单表应用很普遍,但反映问题比较粗略,难以深入说明问题。

(2)分组表

是指主词只按一个标志进行分组形成的统计表,也称简单分组表,如表 3 – 10 所示。

分组表可以较为深入地分析现象本质及其发展规律。

表 3－10　　2001 年城乡居民家庭人均收入及恩格尔系数

按城乡分组	人均纯收入(元)	恩格尔系数(%)
农村	2366.4	47.7
城镇	6859.6	37.9

资料来源:《中国统计年鉴》2002 年

(3)复合表

是指主词按两个或两个以上标志进行层叠分组而形成的统计表，也称复合分组表，如表 3－11 所示。

表 3－11　　2001 年某地区人口数

	人口数	
	绝对数(万人)	比重(%)
全地区人口总计	2600	100
一、城镇	780	30
男性	397.8	15.3
女性	382.2	14.7
二、农村	1820	70
男性	928.2	35.7
女性	891.8	34.3

§3.4.3　统计表的设计

要使统计表既能正确地反映社会经济现象和过程的数量特征，又能使人们易于了解其内容，得出明确的结论，在设计统计表式时，应该遵循简练、明确、科学、实用、美观、便于比较的原则。与此同时，还应注意以下几项技术原则。

1. 统计表式设计应注意的事项

(1)统计表应设计成由纵横交叉线条组成的长方形表格，长与宽之间保持适当的比例。

(2)线条的绘制。表的上下端应以粗线绘制，表内纵横线以细线绘制。表格的左右两端一般不划线，采用"开口式"。

(3)合计栏的设置。统计表各纵列若需要合计，一般应将合计列在最后一行，各横行若需要合计，可将合计列在最前一栏或最后一栏。

栏数的编号。如果栏数较多，应当按顺序编号，习惯上主词栏部分分别以"甲、乙、丙、丁……"为序号，宾词栏以(1)、(2)、(3)、(4)……为序号。

2. 统计表内容设计应注意的事项

(1)标题设计。统计表的总标题、横行、纵栏标题应简明扼要，以简练而又准确的文字表述统计资料的内容、资料所属的空间和时间范围。

(2)指标数值。表中数字应该填写整齐，对准位数。当数字因小可略而不计时，可写上

“0”；当缺某项数字资料时，可用符号“…”表示；不应有数字时可用符号“－”表示。

(3)计量单位。统计表必须注明数字资料的计量单位。当全表只有一种计量单位时，可以把它写在表头的右上方。如果表中各栏的指标数值计量单位不同，可在横行标题后添一列计量单位。

(4)注解或资料来源。为保证统计资料的科学性与严肃性，在统计表下应注明资料来源，以便查考。必要时，在统计表下应加注解或说明。

§3.4.4　统计图

常用的统计图有条形图、折线图和曲线图三种。

1. 条形图

条形图是用条形的宽度和高度来表示次数分布的图形。因为变量数列有等距数列和异距数列之分，所以绘图方法也有差别。若数列为等距数列，则条形图的横轴表示各组组距，且各条形的底宽相等；纵轴表示次数(在左边)或频率(在右边)，各组次数的多少代表着条形的高度。根据表3－6第(1)、(2)栏的资料所绘制的条形图如图3－1所示。

如果是异距数列，图形的画法就要复杂一些。因为在异距数列条件下，各组次数的分布不仅受变量值大小的影响，而且受各组组距大小的影响，如果不对其进行加工，所绘图形就不能准确地反映次数分布的特征，也不能反映次数分布的意义和作用。

绘制异距数列条形图，通常是依据原数列计算次数密度来进行的。该图仍以横轴表示各组组距，纵轴却是次数密度，次数密度是各组次数与相应组距的比值。异距数列条形图(略)。

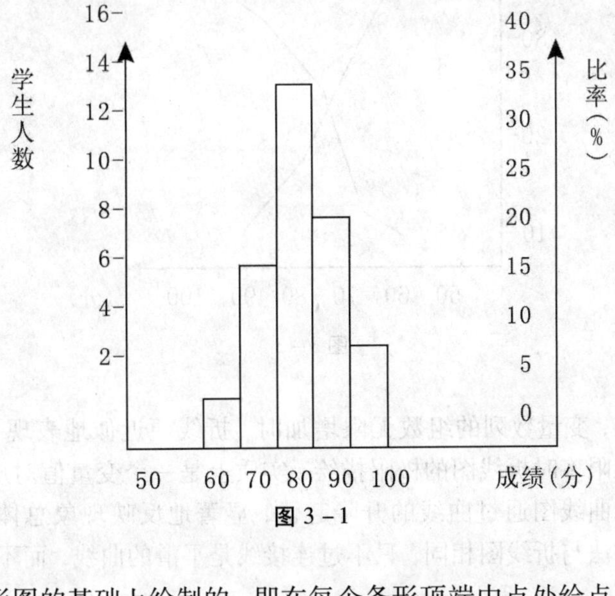

图3－1

2. 折线图

折线图是在条形图的基础上绘制的，即在每个条形顶端中点处绘点，然后将各点用折线连接而成。根据表3－6第(1)栏的资料绘制的折线图如图3－2所示。

折线图还可以表示累计次数的分布，向上累计和向下累计在具体绘制时方法有所不同。绘制向上累计次数分布折线图时，是以各组上限为横坐标；绘制向下累计次数分布折线图时，是以各组下限为横坐标，这两种图均以累计次数为纵坐标。现根据表3－6第(3)、(5)栏的累计资料绘制向上、向下累计次数分布折线图，如图3－3所示。

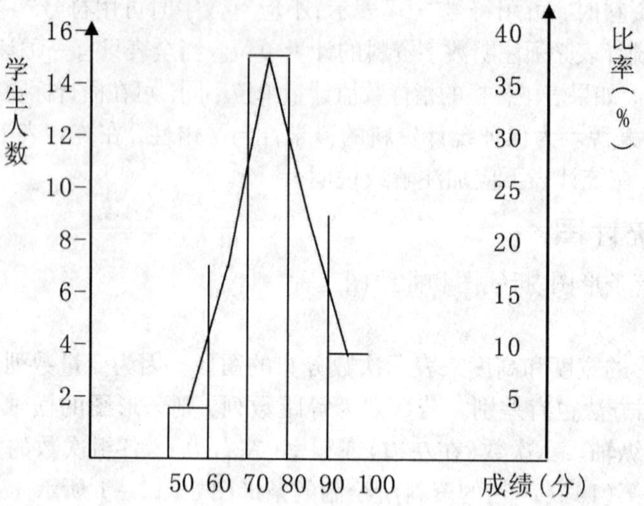

图 3-2

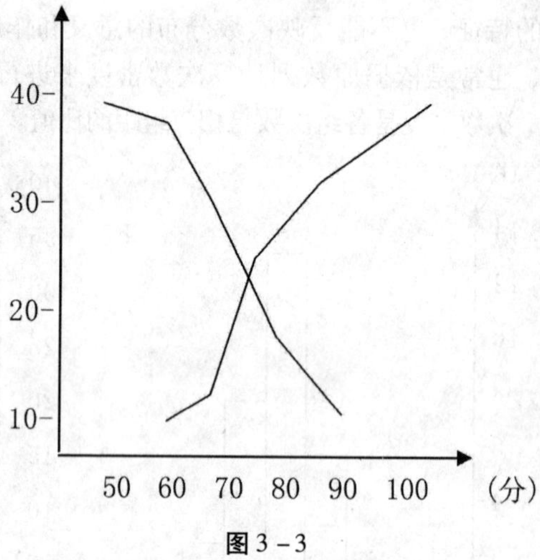

图 3-3

3. 曲线图

当变量值非常多，变量数列的组数无限增加时，折线便近似地表现为一条平滑的曲线。曲线图是组数趋于无限多时折线图的极限描绘，实质上是一个变量值对应一个次数，是一种理论曲线。次数分布曲线图通过曲线的升降起伏，显著地反映现象总体的分布特征和规律性。曲线图的绘制方法与折线图相同，只不过连接线是平滑的曲线，而不是折线。

案例讨论：

亚太地区 25 所知名商学院有关情况

寻求工商管理专业较高的学历已是一种世界趋势。有调查表明，越来越多的亚洲人选择就读工商管理硕士(MBA)学位，将它当作通往成功的道路。在近一年来，亚太地区的学院里申请 MBA 的人数增长了 30%。根据亚太地区的 74 所商学院的报道，1997 年共有 170000 申请者竞争 1999 年的 11000 个全日制 MBA 学位。

在整个亚太地区，成千上万的人对于暂时搁置自己的工作并花两年的时间来接受工商管理系统教育，显示了日益增长的热情。这些工商管理课程显然十分繁重，包括经济学、金融学、市场营销学、行为科学、劳工关系学、决策论、运筹学、经济法等。下表是Asia公司提供的数据，显示了亚太地区25所知名商学院的情况：

商学院名称	录取名额	每系人数	本国学生学费（$）	外国学生学费（$）	年龄	国外学生比例（%）	是否要求GMAT	是否要求英语测试	是否要求工作经验	起薪（$）
墨尔本商学院	200	5	24420	29600	28	47	是	否	是	71400
新南威尔士大学（悉尼）	228	4	19993	32582	29	28	是	否	是	65200
印度管理学院（阿默达巴得）	392	5	4300	4300	22	0	否	否	否	7100
香港大学	90	5	11140	11140	29	10	是	否	否	31000
日本国际大学	126	4	33060	33060	28	60	是	是	否	87000
亚洲管理学院（马尼拉）	389	5	7562	9000	25	50	是	否	是	22800
印度管理学院（班加罗尔）	380	5	3935	16000	23	1	是	否	否	7500
新加坡国立大学	147	6	6146	7170	29	51	是	是	是	43300
印度管理学院（加尔格达）	463	8	2880	16000	23	0	否	否	否	7400
澳大利亚国立大学（堪培拉）	42	2	20300	20300	30	80	是	是	是	46600
南洋理工大学（新加坡）	50	5	8500	8500	32	20	是	否	是	49300
昆士兰大学（布里斯本）	138	17	16000	22800	32	26	否	否	是	49600
香港理工大学	60	2	11513	11513	26	37	是	否	是	34000
麦夸里商学院（悉尼）	12	8	17172	19778	34	27	否	否	是	60100
Chulalongkorn 大学（曼谷）	200	7	17355	17355	25	6	是	否	是	17600
Monash Mt。Eliza 商学院（墨尔本）	350	13	16200	22500	30	30	是	是	是	52500
亚洲管理学院（曼谷）	300	10	18200	18200	29	90	否	是	是	25000
阿德莱德大学	20	19	16426	23100	30	10	否	否	是	66000
梅西大学（新西兰，北帕默斯顿）	30	15	13106	21625	37	35	否	是	是	41400
墨尔本皇家工商学院	30	7	13880	17765	32	30	否	是	是	48900
Jamnalal Bajaj 管理学院（孟买）	240	9	1000	1000	24	0	否	否	是	7000
柯廷理工学院（珀思）	98	15	9475	19097	29	43	是	否	是	55000
拉合尔管理科学院	70	14	11250	26300	23	2.5	否	否	否	7500
马来西亚 Sains 大学（槟城）	30	5	2260	2260	32	15	否	是	是	16000
De La Salle 大学（马尼拉）	44	17	3300	3600	28	3.5	是	否	是	13100

要求对该表数据进行讨论并写出分析报告，分析报告应包括：

(1)用描述统计的方法概括表中数据，并讨论你的结论；

(2)对变量数据的最大值、最小值、平均数进行评价和解释；通过这些统计量，你对亚太地区的商学院有何看法或发现？

(3)对本国学生学费和外国学生学费进行比较；

(4)对要求或不要求工作经验的学校学生的起薪进行比较；

(5)对要求或不要求英语测试的学校学生的起薪进行比较；

(6)分析报告中如果有必要的图表，将更便于反映你希望反映的问题。

思考题：

1. 统计整理的涵义是什么？
2. 统计分组的作用是什么？
3. 分配数列的种类有哪些？
4. 统计表的概念和作用是什么？
5. 统计图式样有哪些？

参考阅读材料：

1.《统计学》，[美]David Freedman 等著，中国统计出版社，1998
2.《统计学原理》，李洁明，祁新娥，复旦大学出版社，2004 年 11 月第三版
3.《社会经济统计学原理》，黄良文，中国统计出版社
4.《统计学案例集》，董逢谷，上海财经大学出版社
5.《统计学》，贾俊平，中国人民大学出版社

第4章 统计特征值

● **主要内容**

1. 算术平均数的概念及计算方法
2. 平均指标的意义和种类
3. 几何平均数、中位数、众数的概念
4. 算术平均数、中位数和众数的关系
5. 标志变异指标的意义和作用
6. 方差和标准差的概念

◇ **引导案例:**

北京2006年职工平均工资36097元

6成人未达到平均线 私企职工收入首次纳入统计

北京市统计局发布消息说，2006年全市职工平均工资达到36097元及以上的职工人数比重为39.3%，没有达到职工平均工资的人数占60.7%。据介绍，2006年全市职工平均工资反映的是国有、集体、各种合资、合作、独资、外国驻京商社和办事机构以及私营单位的职工工资平均水平，不包括个体工商户。职工工资总额由基础工资、奖金、各项津贴和补贴组成。

统计局专家解释说，部分国有企业、集体企业，特别是劳动力密集型企业，其工资水平在低位徘徊或增长比较缓慢，尚未达到平均水平。因此，这部分职工可能会感觉到“公布的职工平均工资偏高了”。另外，职工工资总额计算方法不是按实际发到职工手里的现金计算，职工工资不仅包括基础工资、奖金、各项津贴和补贴，还包括单位代扣代缴的各项费用。如包括社会保险和住房公积金的个人缴纳部分，并且是个人所得税的税前工资。因此，有些市民虽然达标了，但也会感觉“没拿这么多钱”。

统计数据显示，职工平均工资较高的行业中，证券业、银行业、法律服务、水上运输、航空运输、管道运输业、石油和天然气开采业职工年平均工资超过10万元。另外，由于单位的经济类型、隶属关系等多种因素影响，行业内部也存在较大差异。

§4.1 集中趋势的测定

§4.1.1 平均指标的意义和种类

1. 平均指标的概念

平均指标是反映一定时间、地点条件下总体各单位某一数量标志一般水平的综合指标，又称平均数。例如，平均物价反映某一时间、某一地点的商品价格的一般水平；平均工资反映某一时间、某一企业或车间的工人工资的一般水平等。平均指标的计量单位与被平均的数量标志值的计量单位一致。

2. 平均指标的特点

(1)平均指标是一个抽象化数值。它将总体内各单位在一定时间、空间条件下某个数量标志的数值差异给相互抵消了，用一个概括性的数值综合反映现象总体的一般水平。

(2)平均指标是一个代表性数值。它是根据总体内各单位某一数量标志的标志值计算的，代表总体内全部单位该数量标志表现的一般水平。其代表性的大小取决于被平均的标志值的差异程度。

平均指标反映了总体各单位标志值分布的集中趋势。

3. 平均指标的作用

平均指标是统计中常用的综合指标之一，在说明社会经济现象总体数量特征方面有着重要的作用。

(1)平均指标可以消除因总体范围不同而带来的总体数量差异，从而使不同规模的总体具有可比性。例如，由于工人数不同，不同企业的工资总额不宜直接对比，而将人均工资进行对比，就可判断企业工资水平的高低。

(2)通过平均指标可以反映同一总体在不同时间上发展变化的趋势或规律性。例如，研究产品成本变化情况，由于不同时期产量不同，用总成本说明不了问题，而用单位平均成本则可以反映产品成本的变动趋势。

(3)利用平均指标可以分析现象之间的依存关系。例如，对粮食耕地面积按施肥量多少进行分组，再计算各组粮食的平均亩产量，就可以分析施肥量与粮食亩产量之间的依存关系。

(4)根据平均指标可以推断其他相关的统计指标。例如，利用某地区职工样本人均收入可以推断该地区职工总体的人均收入水平。

在社会经济统计中，常用的平均指标有算术平均数、调和平均数、几何平均数、中位数和众数。

§4.1.2 算术平均数的概念及计算方法

算术平均数是根据总体标志总量和总体单位总量计算的一种平均数。它是统计中最常用的一种平均指标，凡是总体各单位的标志值之和等于总体的标志总量时，均可使用算术平均数来反映总体的一般水平。其基本计算公式为：

$$算术平均数 = \frac{总体标志总量}{总体单位总量}$$

上式中的分子、分母是同一总体中的两个指标，而且总体单位总量是计算总体标志总量的标志值的个数，即分子中的每一个标志值都由分母中的每一个总体单位来承当，两者存在严格的对应关系，这也正是平均指标与相对指标(特别是强度相对指标)的区别所在。

在具备同一总体的标志总量和单位总量的情况下，可以直接利用上述基本公式计算平均数。

但在实际工作中，由于掌握的资料不同，一般并不按算术平均数的基本公式直接计算，而是采用简单算术平均数和加权算术平均数两种形式分别计算。但无论采用哪种形式，均离不开算术平均数的基本公式。

1. 简单算术平均数

根据未分组资料中总体各单位的标志值计算的算术平均数就是简单算术平均数。它是将总体各单位的标志值简单加总得出总体标志总量，再除以总体单位数计算出来的。其计算公式为：

$$\bar{x}=\frac{x_1+x_2+x_3+\quad+x_n}{n}=\frac{\sum x}{n}$$

式中：x 变量值，代表各单位的不完全相同的标志值；

n 总体单位的个数，即总体单位的总量；

$\sum$ 求和符号。

例1：某车间有10名工人，日产量分别为60、62、62、65、65、67、67、65、68、70件。则该车间10名工人的平均日产量为：

$$\bar{x}=\frac{x_1+x_2+x_3+\quad+x_n}{n}=\frac{\sum x}{n}$$

$$=\frac{60+62+62+65+65+67+67+65+68+70}{10}=\frac{651}{10}=65.1(\text{件})$$

2. 加权算术平均数

在实际工作中，由于总体单位往往很多，其中某些单位的标志值又是重复出现的，我们所掌握的资料常常是已经分组整理好的变量数列。根据变量数列计算的算术平均数就是加权算术平均数。它是将各组的标志值乘以相应的单位数求出各组标志总量，并加总得到总体标志总量，然后除以各组单位数之和的总体单位总量所求得的结果。其计算公式为：

$$\bar{x}=\frac{x_1f_1+x_2f_2+\quad+n_{n-1}f_{n-1}+x_nf_n}{f_1+f_2+\quad+f_{n-1}+f_n}$$

$$=\frac{\sum xf}{\sum f}$$

式中：x 变量值，代表各组的标志值；

f 各组的单位数（次数、频数）。

将例1的资料分组整理成如下单项数列，如表4－1所示。

通过计算可以看出，加权算术平均数是根据变量值 x 和次数 f 这两个因素计算的。可见，加权算术平均数同时受变量值与次数的影响。在变量值一定的情况下，次数多的组，其变量值对平均数的影响大，平均数接近该变量值；次数少的组，其变量值对平均数影响小，平均数远离该变量值。在此，次数对平均数的大小起着权衡轻重的作用。这种在平均数的计算过程中起权衡轻重作用的数值就叫权数。权数的大小直接影响着变量值在总量中的地位，从而影响变量值在平均数中所占的份额。

表4－1　　某车间生产工人日产量资料

日产量（件）×	工人数（人）f	日总产量（件）×f
60	1	60
62	2	124
65	3	195
67	2	134
68	1	68
70	1	70
合计	10	651

平均日产量：$\bar{x}=\frac{x_1f_1+x_2f_2+ +n_{n-1}f_{n-1}+x_nf_n}{f_1+f_2+ +f_{n-1}+f_n}$

$=\frac{60\times1+62\times2+65\times3+67\times2+68\times1+70\times1}{1+2+3+2+1+1}$

$=\frac{651}{10}=65.1$（件）

需要指出的是：

权数可以是绝对数，也可以是相对数（即各组次数在总次数中所占比重），但相对数权数更能体现权数的实质。其计算公式为：

$\bar{x}=\sum(x\frac{f}{\sum f})$

式中：$\frac{f}{\sum f}$是权数，表示各组的单位数在总的单位数中所占比重。

假设表4－1中的工人人数（次数）资料未知，而已知各组工人数在工人总数中的比重，如表4－2所示。

表4－2　**某车间工人日产量资料**

日产量（件）x	工人数比重 $f/\sum f$	$xf/\sum f$
60	0.1	6.0
62	0.2	12.4
65	0.3	19.5
67	0.2	13.4
68	0.1	6.8
70	0.1	7.0
合计	1	65.1

根据表4－2的资料计算算术平均数，应先将各组变量值与相应比重权数相乘，得到这个变量值在平均数中的份额，然后把所有份额相加求和即可。

平均日产量：$\bar{x}=\sum(x\frac{f}{\sum f})$

$=60\times0.1+62\times0.2+65\times0.3+67\times0.2+68\times0.1+70\times0.1$

$=65.1$（件）

计算结果表明：对于同一资料，用绝对数和相对数权数计算出的平均数完全一致。

至于在什么情况下采用绝对数权数，在什么情况下采用相对数权数，要根据所掌握的具体资料来定。

上述计算加权算术平均数的公式是在掌握单项变量数列的条件下采用的。如果所掌握的资料是组距数列，则应先求出各组变量值的组中值代替各组变量值，然后按单项数列求算术平均数的方法计算平均数。

例2：某工厂1月份80名工人的工资资料如表所示：

表4－3　　1月份某工厂工人工资资料

月工资(元)	工人数(人)f	计算栏	
		组中值 x	xf
600以下	8	500	4000
600～800	12	700	8400
800～1000	30	900	27000
1000～1200	25	1100	27500
1200以上	5	1300	6500
合计	80	–	73400

该工厂10月份80名工人的平均工资为:

$$\bar{x}=\frac{\sum xf}{\sum f}=\frac{73400}{80}=917.5(\text{元})$$

在组距数列中，是用组中值代替各组变量值来计算算术平均数的。而代表各组变量值平均水平的组中值是假定各组变量值在组内是均匀分布或对称分布的，此时各组变量值的平均值恰好等于各组的组中值。但这与客观实际往往存在一些偏差。因此，根据组距数列计算的平均数有一定的假定性，只能是一个近似值。

§4.1.3　几何平均数的概念及计算方法

在社会经济现象中，有些现象是按照类似于几何级数的形式变动的，在计算这些现象的平均水平时，不能采用算术平均法或调和平均法，而应采用几何平均法。

1. 简单几何平均数

适用于根据未分组资料来计算平均比率或平均速度等。

$$\bar{x}=\sqrt[n]{x_1\cdot x_2\cdot x_3\cdots\cdots x_n}=\sqrt[n]{\prod x}$$

2. 加权几何平均数

适用于根据已分组资料来计算平均比率或平均速度等。

$$\bar{x}=\sqrt[\Sigma f]{x_1^{f1}\cdot x_2^{f2}\cdot x_3^{f3}\cdots\cdots x_n^{fn}}=\sqrt[\Sigma f]{\prod x^f}$$

§4.1.4　中位数的概念及计算方法

1. 中位数的概念

如果将一组数据依一定顺序从小到大(或从大到小)排列，中位数就是位于中央位置的数值。它将这组数据的个数一分为二，大于中位数的数据有一半分布着，小于中位数的数据也有一半分布着。中位数用 Md 表示。它是集中量的一种指标。

2. 中位数的计算方法

① 原始数据计算法

将一组数据依大小顺序排列后，若数据的个数为奇数个，就以位于最中间的那个数据作为中位数;若数据的个数为偶数个，就以最中间的两个数据的算术平均数作为中位数。

例如，有一组数据依从小到大排列如下:62、65、66、68、69、71、72。因为数据个数为奇数个，所以排在最中间的数值68就是中位数，即 $Md=68$。

又如，有一组数据依从大到小排列如下:98、95、92、88、79、77、71、66。因为数据个数为偶数个，所以排在最中间的两个数据88与79的算术平均数就是中位数，即 $Md=(88+79)\div 2=83.5$。

②频数分布表计算法

若一组原始数据已经编成了频数分布表，可以利用频数分布的情况，由数值小向数值大的方向计算，也可以由数值大向数值小的方向计算。计算公式为(由小向大方向计算)：

$$md = l_{md} + (\frac{N}{2} - n_1)\frac{i}{f_{md}}$$

在这里：L_{md}表示中位数所在组的下限；

N 表示总频数；

n_1 表示小于中位数所在组下限的频数总和；

i 表示频数分布表上的组距；

f_{md}表示中位数所在组的频数。

表 4-4　　48 个学生数学分数中位数计算表

分　数	频　数	累积频数	计算中位数
45 -	1	1	$L_{md} = 80$
50 -	2	3	$Md = L_{md} + (N/2 - n_1) i/f_{md}$
55 -	0	3	$= 80 + (48/2 - 23)5/7$
60 -	2	5	$= 80.71$
65 -	3	8	
70 -	8	16	
75 -	7	23	
80 -	7	30	
85 -	7	37	
90 -	5	42	
95 -	6	48	
总和	38		

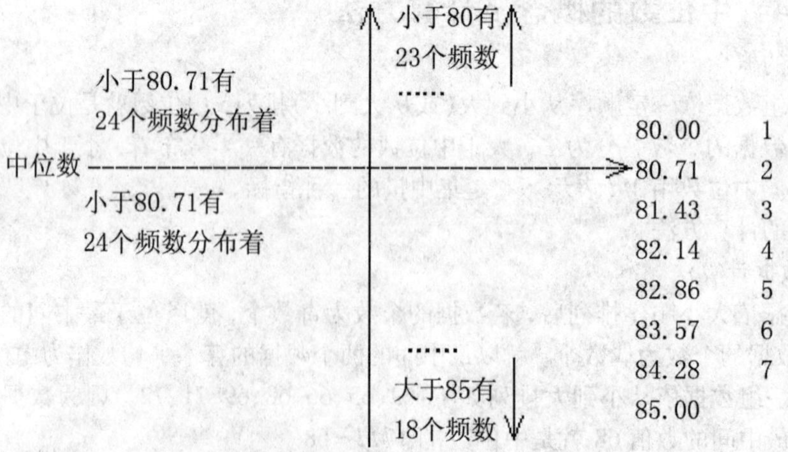

图 4.5　7 个频数在 80 ~ 85 一组的分布情况

下面以表 4-4 为例，说明由数值小向数值大方向计算中位数的步骤。

第一步，求二分之一总频数。即 $\frac{N}{2}=\frac{48}{2}=24$

第二步，确定中位数所在组。由小到大累积频数，直至略大于$\frac{N}{2}$为止，该组就是中位数所在组。表4-4中80~85这组，就是中位数所在组。

第三步，求 n_1 和f_{md}。n_1 表示小于中位数所在组下限的频数总和，即 $n_1=23$。f_{md}表示中位数所在组的频数，即$f_{md}=7$。

第四步，计算中位数所在组每两个频数之间的距离。即$\frac{i}{f_{md}}=\frac{5}{7}=0.71$。如图4-5所示。

第五步，将中位数所在组的下限 L_{md}与$(\frac{N}{2}-n_1)\frac{i}{fmd}$求和，就是中位数。

$$Md=L_{md}+(\frac{N}{2}-n_1)\frac{i}{f_{md}}=80+(\frac{48}{2}-23)\times\frac{5}{7}=80.71$$

当由小到大计算中位数时，如果小于某一组下限的累积频数正好等于总频数的一半，那么该组的下限就是中位数。同样，当由大到小计算中位数时，如果大于某一组上限的累积频数正好等于总频数的一半，那么该组的上限就是中位数。

由于中位数不是由每个数据参加运算所求得，而是由数据的个数所决定，所以中位数很少受两极端数值的影响。根据这一特点，在以下几种情况:①一组数据中有特大或特小两极端数值；②一组数据中有个别数据不确切、不清楚；③资料属于等级性质，可以用中位数作为反映数据集中趋势的指标。

§4.1.5 众数的概念及计算方法

1. 众数的概念

众数是指一组数据中出现次数最多的那个数据，一组数据可以有多个众数，也可以没有众数。

例如,某制鞋厂要了解消费者最需要哪种型号的男皮鞋，调查了某百货商场某季度男皮鞋的销售情况，得到资料如下表(某商场某季度男皮鞋销售情况)：

表4-5

男皮鞋号码/厘米	销售量/双
24.0	12
24.5	84
25.0	118
25.5	541
26.0	320
26.5	104
27.0	52
合计	1200

从表中可以看到，25.5厘米的鞋号销售量最多，如果我们计算算术平均数，则平均号码

为25.65厘米，而这个号码显然是没有实际意义的，而直接用25.5厘米作为顾客对男皮鞋所需尺寸的集中趋势既便捷又符合实际。

统计上把这种在一组数据中出现次数最多的变量值叫做众数。用 *Mo* 表示。它主要用于定类(品质标志)数据的集中趋势，当然也适用于作为定序(品质标志)数据以及定距和定比(数量标志)数据集中趋势的测度值。上面的例子中，鞋号25.5厘米就是众数。

2. 众数的计算方法

由品质数列和单项式变量数列确定众数比较容易，哪个变量值出现的次数最多，它就是众数，如上面的两个例子。

若所掌握的资料是组距式数列，则只能按一定的方法来推算众数的近似值。计算公式为：

$$M_0 = L + \frac{\triangle_1}{\triangle_1 + \triangle_2} xd$$

$$M_0 = U - \frac{\triangle_1}{\triangle_1 + \triangle_2} xd$$

式中：

L——众数所在组下限；

U——众数所在组上限；

$\triangle_1$——众数所在组次数与其下限的邻组次数之差；

$\triangle_2$——众数所在组次数与其上限的邻组次数之差；

d——众数所在组组距。

例：根据下表的数据，计算50名工人日加工零件数的众数。

表4－6

按零件数分组	组中值 x	频数 f	xf
105～110	107.5	3	322.5
110～115	112.5	5	562.5
115～120	117.5	8	940.0
120～125	122.5	14	1715.0
125～130	127.5	10	1275.0
130～135	132.5	6	795.0
135～140	137.5	4	550.0
合　计	—	50	6160.0

解：从表中的数据可以看出，最大的频数值是14，即众数组为120～125这一组，根据公式得50名工人日加工零件数的众数为：

$$M_0 = 120 + \frac{14-8}{(14-8)+(14-10)} \times 5 = 123(件)$$

$$或:M_0 = 125 - \frac{14-10}{(14-8)+(14-10)} \times 5 = 123(件)$$

众数是一种位置平均数，是总体中出现次数最多的变量值，因而在实际工作中有时有它特殊的用途。诸如，要说明一个企业中工人最普遍的技术等级，说明消费者需要的内衣、鞋袜、帽子等最普遍的号码，说明农贸市场上某种农副产品最普遍的成交价格等，都需要利用众数。但是必须注意，从分布的角度看，众数是具有明显集中趋势点的数值，一组数据分布的最高峰点所对应的数值即为众数。当然，如果数据的分布没有明显的集中趋势或最高峰点，众数也可能不存在;如果有两个最高峰点，也可以有两个众数。只有在总体单位比较多，而且又明显地集中于某个变量值时，计算众数才有意义。

3. 众数的特点

(1)众数是以它在所有标志值中所处的位置确定的全体单位标志值的代表值，它不受分布数列的极大或极小值的影响，从而增强了众数对分布数列的代表性。

(2)当分组数列没有任何一组的次数占多数，也即分布数列中没有明显的集中趋势，而是近似于均匀分布时，则该次数分配数列无众数。若将无众数的分布数列重新分组或各组频数依序合并，又会使分配数列再现出明显的集中趋势。

(3)如果与众数组相比邻的上下两组的次数相等，则众数组的组中值就是众数值;如果与众数组比邻的上一组的次数较多，而下一组的次数较少，则众数在众数组内会偏向该组下限;如果与众数组比邻的上一组的次数较少，而下一组的次数较多，则众数在众数组内会偏向该组上限。

(4)缺乏敏感性。这是由于众数的计算只利用了众数组的数据信息，不像数值平均数那样利用了全部数据信息。

§4.1.6 算术平均数、中位数和众数的关系

平均数描述的是总体的平均水平，这反映的是总体的整体水平，比如班级评比的时候就是按全班平均分评的。一组数据，用这组数据的总和除以总分数，得出的数就是这组数据的平均数。平均数的大小与一组数据里的每个数据都有关系，任何一个数据的变动都会引起平均数的变动，即平均数受较大数和较小数的影响。

众数就是反映总体中出现频率最高的数，比如班级投票选择去哪里玩，结果自然是票数最高的选择。在一组数据中出现次数最多的数据叫做这组数据的众数。因此求一组数据的众数既不需要计算，也不需要排序，而只要数出出现次数较多的数据的频率就行了。众数与概率有密切的关系。众数的大小仅与一组数据中的部分数据有关。当一组数据中有不少数据多次重复出现时，它的众数也往往是我们关心的一种集中趋势。

中位数其实反映不了什么问题，只是大概反映一个总体的中间状态在哪里，可以大致预测一下平均值。毕竟一个总体的分布很多都是正态分布，中位数很可能接近平均数。将一组数据按大小依次排列，把处在最中间位置的一个数(或最中间位置的两个数的平均数)叫做这

组数据的中位数。中位数的大小仅与数据的排列位置有关。因此中位数不受偏大和偏小数的影响，当一组数据中的个别数据变动较大时，常用它来描述这组数据的集中趋势。

从这三个数的意义可知，这三个统计量都是表示一组数据的集中趋势情况，由于每个数表示的意义不同，因此，一般情况下一组数据的平均数、中位数、众数也往往不同。那如何使用这三个统计量呢，我认为这个没有明确的规定，要根据研究对象的具体情况，看哪个统计量最能反映这组数据的一般水平就用哪个。

§4.2 离散程度的测定

§4.2.1 标志变异指标的意义和作用

任何总体都是由许许多多具有共同性质的、但在量上存在差别的总体单位构成的。总体单位某一数量标志的标志值既有集中趋势的一面，又有离中趋势的一面。前面介绍的平均指标只能作为总体各单位标志值的代表值，反映总体的一般水平，同时反映各标志值向平均指标靠拢的集中趋势，而不能反映标志值之间的数量差异以及标志值背离平均指标的离中趋势。而这种数量差异和离中趋势是客观存在的，并且是平均指标代表性的大小、标志值集中趋势强弱的反映。因此，我们在研究平均指标的同时，还必须研究平均指标的代表性，也就是要研究标志值的差异程度即标志变动度。

标志变异指标也叫标志变动度，是反映总体各单位标志值差异程度的综合指标，用来说明总体各单位标志值的离中趋势。一般说来，标志变异指标数值大，说明总体各单位标志值之间的差异大，离中趋势也大；相反说明总体各单位标志值之间的差异小，离中趋势也小。

标志变异指标在统计工作中的作用主要表现为以下两点：

1. 标志变异指标是评价平均指标代表性大小的依据；
2. 标志变异指标可用来研究现象发展变化的稳定性和均衡性。

§4.2.2 全距的概念及计算方法

全距是数列中的最大标志值与最小标志值之差，也称极差，用“R”表示。全距反映标志的实际变动范围。全距小，反映标志值较集中，标志值差异程度小，平均指标的代表性大；反之，则说明标志值较分散，标志值差异程度大，平均指标的代表性小。

用公式表示：

极差(R) = 最大标志值(x_{max}) - 最小标志值(x_{min})

例3：某企业有三个生产车间，每车间各有5名生产工人，其日产零件数为：

甲车间：10、11、12、13、14

乙车间：8、10、12、14、16

丙车间：12、12、12、12、12

三个车间的平均零件数都是12，但各车间工人生产零件数的差别却不同。

甲车间的极差(R) = 14 - 10 = 4(件)

乙车间的极差(R) = 16 - 8 = 8(件)

丙车间的极差(R) = 12 - 12 = 0

因为甲车间的极差较小，则甲车间的平均日产零件数的代表性较大，同时说明甲车间各工人的生产技术水平差距小；乙车间的极差最大，则乙车间平均日产零件数的代表性最小，同时说明乙车间工人生产技术水平差距最大；丙车间的极差为零，则丙车间日产零件数具有完全的代表性，同时说明丙车间生产工人技术水平均等，没有差距。

极差计算简便，但忽略了中间数值的变动情况，容易受极端数值的影响，往往不能反映现象的实际离散程度。

§4.2.3 方差和标准差的概念及计算方法

标准差是总体各单位标志值与其算术平均数的离差平方的算术平均数的平方根，也叫均方差。用“σ”表示。

根据所掌握的资料，标准差的计算方法也有两种：即简单标准差和加权标准差。

1. 简单标准差。根据未分组资料计算的标准差就是简单标准差。其计算公式为：

$$\sigma = \sqrt{\frac{\sum(x-x)^2}{n}}$$

以例3的资料为例，该车间10名工人日产量的标准差为：

$$\sigma = \sqrt{\frac{\sum(x-x)^2}{n}}$$

$$= \sqrt{\frac{3.4^2+1.4^2+1.4^2+0.4^2+0.4^2+0.4^2+0.4^2+1.6^2+2.6^2+3.6^2}{10}}$$

$$= \sqrt{\frac{38.4}{10}} = 1.96(件)$$

2. 加权标准差。根据分组资料变量数列计算的标准差就是加权标准差。其计算公式为：

$$\sigma = \sqrt{\frac{\sum(x-x)^2 f}{\sum f}}$$

现以例1的资料来说明加权标准差的计算过程，如表4-7所示。

表4-7 **某车间日产量及其标准差的计算资料**

日产量(件)	工人数(人)f	计算栏			
		组中值 x	xf	$(x-\bar{x})$	$(x-\bar{x})^2 f$
4~6	20	5	100	-3.25	211.250
7~9	150	8	1200	-0.25	9.375
10~12	20	11	220	+2.75	151.250
12以上	10	13	130	+4.75	225.625
合计	200		1650	—	597.500

该车间日产量的标准差为：

$$\sigma=\sqrt{\frac{\sum(x-x)^2f}{\sum f}}$$

$$=\sqrt{\frac{597.5}{200}}=1.73(件)$$

计算结果表明：该车间日产量的平均水平为8.25件，平均每人的偏差为1.73件。

若另一车间工人日产量的平均水平也为8.25件，但标准差为2件，则标准差为1.73件的平均日产量的代表性高。

§4.2.4 离散系数

平均差和标准差都是平均离差，都能在一定程度上反映标志值的变动程度。但它们不仅取决于各标志值差异程度的大小，而且取决于总体平均数的大小。如果两个总体的平均数不相等，就不能直接用平均差或标准差来测定平均数的代表性。因为对于平均水平相差悬殊的总体，不管其性质是否相同、计量单位是否一致，它们的离中趋势用全距、平均差和标准差都是不可比的。要将它们变为可比，就只有消除总体平均数的影响。为此，必须通过计算离散系数来测定平均指标代表性的大小。

离散系数是消除总体平均数影响后的标志变异指标，是用全距、平均差和标准差等标志变异指标除以其算术平均数所得的比值，是一个以相对数形式出现的标志变异指标。它可以用于比较不同性质、不同水平总体的标志变异程度，并据此判断平均指标代表性的大小，通常用“V”表示。

离散系数主要有平均差系数和标准差系数。其计算公式为：

平均差系数：$V_{AD}=\frac{AD}{x}\times 100\%$

标准差系数：$V_{\sigma}=\frac{\sigma}{x}\times 100\%$

例5：2003年3月甲乙两车间生产某种产品的日产量情况如表4-8所示。

表4-8　　甲乙两车间生产某种产品的日产量情况

	平均日产(件)	平均差(件)	标准差(件)
甲车间	8.4	1.56	1.96
乙车间	10.5	1.76	2.06

从表4-8的资料可以看出：甲乙两车间的平均日产量不相等。因此，其平均数的代表性不能只简单地通过比较两车间的平均差和标准差做出结论，而应该通过计算平均差系数或标准差系数来反映。

甲车间：$V_{AD}=\frac{AD}{x}\times 100\%=\frac{1.56}{8.4}\times 100\%=18.57\%$

$$V_\sigma = \frac{\sigma}{\bar{x}} \times 100\% = \frac{1.96}{8.4} \times 100\% = 23.33\%$$

乙车间：$V_{AD} = \frac{AD}{\bar{x}} \times 100\% = \frac{1.76}{10.5} \times 100\% = 16.76\%$

$$V_\sigma = \frac{\sigma}{\bar{x}} \times 100\% = \frac{2.06}{10.5} \times 100\% = 19.62\%$$

通过计算可知：无论是甲车间的平均差系数还是标准差系数均大于乙车间，由此可判断2003年3月甲车间平均日产量的代表性要小于乙车间。

平均指标反映现象的集中趋势，在统计分析中应用非常广泛，标志变异指标则从另一侧面反映现象总体的数量特征，主要用于分析平均指标的代表性、生产经营的均衡性和产品质量的稳定性。离开平均指标，标志变异指标就会失去应用的意义。

案例讨论：

在最近的一次新闻发布会上，建设部一位副部长以骄傲的姿态，第一次以官方的名义高调正式宣布："到了2006年底，全国城市居民人均住房面积达到27平方米。"也就是说，我国城镇人均住房面积离"初步小康标准"，仅仅只有3平方米"咫尺之遥"。

官方的"住房统计数据"虽已逼近"小康"，但大多数城镇居民却深感自己的住房水平离小康相距甚远。究竟是老百姓的"感觉错误"，还是官方的统计数据有误，让我们还是以事实来说话。

我们有必要用官方的数据计算一道最简单的算术题，看看我国城镇居民的人均住房面积究竟是多少。

大家都知道这样一个计算公式：

全国城镇人均住房面积 = 全国城镇居民住房总量（平方米） ÷ 全国城镇人口（人）

现在的问题是，全国城镇居民住房的总面积究竟是多少，搞清楚了这个基本的数字，全国城镇人均住房面积的具体数字就迎刃而解。因为全国城镇的人口在国家统计局的统计年报中早有"铁板钉钉"的结果。

根据国家统计局2006年的全国年度统计公报，到2006年末，全国总人口为131448万人，其中城镇人口为57706万人，占总人口比重的43.9%。有了这个惟一权威的数据，要算清城镇人口的人均住房面积，剩下就是把全国城镇现有住房的总面积计算出来即可。

思考题：

1. 简述算术平均数的概念及计算方法。
2. 简述平均指标的意义和种类。
3. 简述几何平均数、中位数、众数的概念。
4. 简述算术平均数、中位数和众数的关系。
5. 简述标志变异指标的意义和作用。
6. 简述方差和标准差的概念。

讨论问题：

人均住房面积是否是统计意义上的平均指标，为什么？

参考阅读材料：

1.《统计学》,[美]*David Freedman* 等著,中国统计出版社,1998

2.《社会经济统计学原理——基本理论与方法入门》,周恒彤主编,中国统计出版社,2000

3.《算术平均数、众数、中位数三者关系质疑》[*J*],广东职业技术师范学院学报，郑月萍，2001 年 02 期,97 -101

4.《算术平均数、众数、中位数之间关系的再探讨——来自蒙特卡罗模拟分析》[*J*],统计教育,江海峰 2007 年 10 期

第5章 统计指数

● 主要内容

1. 统计指数的意义和分类
2. 综合指数的编制
3. 平均数指数的编制
4. 综合指数的应用
5. 平均数指数的应用

◇引导案例：

美国劳工部(U.S. DepartmentOfLabor) 通过劳工统计局（Bureau of Labor Statistics）编纂各类指数及其他统计资料，如劳工统计局编制和出版的消费价格指数、生产价格指数以及各类工人的平均工作时间与收入等资料，以此作为反映美国商业和经济活动的晴雨表。由劳工统计局编制的指数中，应用最广泛的是消费价格指数，它常常被用于测量通货膨胀。

1998 年 1 月，美国劳工统计局的报告显示，1997 年 12 月的消费价格指数比 11 月上涨 0.1 %，而基础通货膨胀率上升 0.2 %。基础通货膨胀率不包含消费价格指数中的挥发性食品和能源部分，有时它也被认为是反映通货膨胀压力的较好的显示器。1997 年 12 月份，食品指数下降 0.1 %，能源指数下降 1.6 %。整个 1997 年，消费价格指数仅仅上涨 1.7 %，许多经济学家和金融分析家声称美国进入了一个新的非通货膨胀时代。这是因为从 1991 年到 1997 年，消费价格指数年平均增长率为 2.7 %，而 1997 年 12 月底的 1.7 %的增长率，是自 1986 年石油价格下降使通货膨胀率保持在 1.1 %以来，最小的年增长率。另外.1997 年下半年的亚洲金融危机，也是希望保持低通货膨胀的另一原因。凭借较为强大的美元，预期进口商品的价格能真正降低，以此对价格创造一个向下的压力，进口价格的竞争预期也能促进美国公司保持低价。这对于消费者来说，是一个好消息，但对于社会保障受益者和雇佣劳动者来说，未必是好消息。这是因为社会保障救济金和一些劳动合同也被用于计算消费价格指数。

另外，由已给的生产价格指数显示，在不久的将来通货膨胀的压力也会减轻。生产价格指数用于测量批发市场价格的变动，而且常常被看作是消费价格指数变动的主要晴雨表。1997 年 12 月，生产价格指数实际下降 0.2 %，对整个 1997 年，批发商支付的价格下降 1.2 %。

§5.1 统计指数的概念与分类

§5.1.1 统计指数的概念

1. 统计指数的产生与发展

统计指数产生于18世纪后半期，起源于物价指数，距今已经有300多年的历史。最早统计指数的概念是因物价的变动而产生的。当时由于金银大量流入欧洲，欧洲市场的物价飞涨，引起社会不安，于是产生了反映物价变动程度的要求，这就是统计指数产生的客观历史背景。对于一般商品，用现有的价格和原来的价格对比以反映价格变动的程度，这就是我们现在所说的个体价格指数。这就找到了反映一种商品物价指数的计算方法，这样计算的反映物价变动的相对数称为指数，这就是统计指数概念的起源。后来，统计指数的运用推广到反映多种商品价格变动以及经济领域的各个方面。因而统计指数的概念也扩展了，凡是反映动态的各种相对数都称指数。最后，指数的概念又进一步扩展，不仅反映动态，而且还用于静态分析。但总的来讲，随着历史的发展，指数的概念、应用及理论也在发展。就目前而言，统计指数的概念有广义和狭义之分。从广义上讲，一切说明社会经济现象数量对比关系的相对数都是指数。它包括不同时间的同类现象、不同空间（地区、部门、单位）的同类现象以及实际与计划对比的相对数。从这个角度来说，动态相对数、比较相对数以及计划完成相对数都可以称指数。从狭义上讲，指数则是一种特殊的相对数，它是反映不能直接相加的多种事物数量综合变动情况的相对数。

2. 统计指数概念

统计指数又称综合统计指数，是反映社会经济现象数量变动程度的相对数。

§5.1.2 统计指数的分类

统计指数的种类根据研究的目的和任务的不同，可以划分为不同的种类。

1. 个体指数和总指数

指数按其反映的对象范围不同，分为个体指数和总指数。

(1) 个体指数

个体指数是反映单个事物的数量在不同时间上的变动程度的相对数。如个别产品的物量指数、个别商品的价格指数等。个体指数的计算方法比较简单，只要将报告期指标与基期指标相对比计算其发展速度即可。

个体物价指数 $(Kp)=\dfrac{p_1}{p_0}$

个体产品成本指数 $(K_Z)=\dfrac{Z_1}{Z_0}$

个体产品产量指数 $(K_Q)=\dfrac{Q_1}{Q_2}$

式中：p_0——基期产品单价；

p_1——报告期产品单价；

Z_1——基期产品单位成本；

Z_0——报告期产品单位成本；

Q_1——基期产品产量；

Q_2——报告期产品产量。

(2)总指数

所谓总指数，它是反映多种不同的产品或商品的数量、成本、价格等现象在不同时间或不同空间上的总变动程度的一种特殊的相对数。它包括前面所讲的狭义指数。如工业总产量指数、消费品零售物价总指数等。总指数的计算形式有两种，即综合指数和平均数形式的指数。通过综合两个总量指标对比计算出来的指数称为综合指数，它是总指数的基本形式；后者是前者的变形。

另外，如多种产品的产量指数、成本指数和价格指数也都是总指数。此外，还有一种组指数(或称类指数)，它在总指数中通过分组来计算各个组的指数。组(类)指数从其范围上来讲，是介于总指数与个体指数之间的一种指数，其编制方法与总指数相同，只是其范围较小。例如，我国的零售物价总指数是由消费品类和农业生产资料类指数加权汇总编制的。其中，消费品类物价指数又分为食品类、衣着类、日用品类、文化娱乐用品类、书报杂志类、药及医疗用品类、燃料类和建筑材料类等八个大类。

类指数有时可看成总指数，有些也起个体指数的作用。所以，从理论上来讲，类指数的计算与编制方法与总指数基本相同，实际工作中常常将总指数与类指数结合运用。

(3)总指数与个体指数之间的区别与联系

总指数与个体指数之间既有区别，又有联系。二者的区别在于总指数反映多种事物的变动，而个体指数只反映某一事物的变动。二者的联系在于总指数是个体指数的平均数，所以其数值总是介于最大的个体指数与最小的个体指数之间。

2. 数量指标指数和质量指标指数

按照指数研究对象的不同性质，统计指数分为数量指标指数和质量指标指数。

(1)数量指标指数

数量指标指数(简称数量指数)。是反映数量指标变动的相对数，因而它往往是反映多种不能直接相加的数量指标在不同时间或空间等方面的变动程度，如销售量总指数、产品产量总指数等等。

(2)质量指标指数

质量指标指数(简称质量指数)。是反映质量指标变动的相对数，因而它往往是反映多种不能直接相加的质量指标在不同时间或空间等方面的变动程度，如价格总指数、成本总指数等等。不仅综合指数可以分为数量指标指数和质量指标指数，而且平均指数也可以分为数量指标指数和质量指标指数。

无论是数量指标指数的统计计算还是质量指标指数的统计计算，都需要选择恰当的同度量因素。一般情况下，计算数量指标指数时，选择相应的质量指标为同度量因素，计算质量指标指数时，选择相应的数量指标为同度量因素。

3. 综合指数和平均指数

按照总指数的计算与编制方法的不同，统计指数分为综合指数和平均指数。这两种指数都属于总指数。

(1)综合指数

综合指数是通过两个总量指标在不同时间或不同空间对比计算出来的。

(2)平均指数

平均指数则是个体指数的加权平均数。

有关这两类指数的具体编制方法将在本章第三节中详细介绍。另外，在统计分析中，为了分解加权算术平均数中指标水平变动和单位构成变动两个因素的影响，而将两个不同时期同一经济内容的加权算术平均数加以对比，就形成平均指标指数，其编制方法与综合指数基本相同。

4. 时间指数和空间指数

按照对比内容的不同，统计指数分为时间指数和空间指数。

(1)时间指数

时间指数是指某种现象在不同时间的数值的比率。

(2)空间指数

空间指数则是指现象在两个不同地域的数值比率指标。例如，本年与上年相比的物价指数是时间指数，而本地与外地相比的物价指数则是空间指数。时间指数是统计指数的基本形式，空间指数则是时间指数的推广应用。

上述各种分类是从不同的角度对统计指数所作的一般分类，显然这些分类也可交叉进行复合分类，如在个体指数和总指数中再分别区分数量指标指数和质量指标指数，或再区分时间指数和空间指数，等等。

需要指出，在上述统计指数的诸概念和分类中，总指数和狭义指数并不等同，它们是两个内涵与外延均不相同的概念，应注意二者的区别和联系。虽然狭义指数都是总指数，但总指数却并不都是狭义指数。总指数中既包括全部个体不同度量的数量在不同时间或不同空间上的综合相对比率，也包括全部个体同度量的数量在不同时间或不同空间上的总相对比率。因此总指数中包含狭义指数。统计指数理论的核心就是总指数的编制问题，特别是狭义指数的编制问题。

§5.1.3 统计指数理论的性质与作用

1. 统计指数理论的性质

编制综合指数的目的在于测定由不同度量单位的许多商品或产品所组成的复杂现象总体数量方面的总动态。

2. 统计指数的作用

统计指数的作用一般来说有以下三方面：

①反映复杂经济现象各构成因素的总变动。综合反映事物的变动方向与程度是总指数的主要作用。无论是综合指数，还是平均数指数，其计算结果一般都是用百分比表示的相对数。这是统计指数的最重要的作用。在社会经济现象中，大量存在着不能直接加总或不能直

接对比的复杂总体,为了反映和研究它们的变动方向和变动程度,只能通过统计指数法,编制统计指数才能得到解决。首先应该明确两点:第一,现象总量是由若干因素的乘积组成的。其次,现象总量变动是因素变动的结果。如商品销售额变动是价格和销售量发生变动的结果;原材料费用总额变动是产品产量、单位产品原材料消耗量和单位原材料价格发生变动的结果。

②分析社会经济现象总变动中各因素变动的影响。统计指数第二个作用就是用来分析上述这些受到诸因素影响的现象总变动中,受商品销售量和商品价格变动的影响各是多少?原材料费用总额变动中三个因素的影响各是多少等等。研究事物在长时间内的变动趋势要研究事物变动的趋势,只有通过编制某一现象指数的时间数列才能反映出来。

③研究总平均指标变动中各组标志水平和总体结构变动的作用。

§5.2 综合指数的编制方法

指数方法论主要是研究总指数的计算问题,总指数的编制方法,其基本形式有两种:一是综合指数,二是平均指数。两种方法有一定的联系,但各有其特点。本节内容将详细介绍综合指数的相关内容,而平均指数的编制将在第三节内容中向大家作详述。

§5.2.1 综合指数的意义和特点

1. 综合指数的概念

综合指数是总指数的基本形式,它是由两个总量指标对比形成的指数。凡是一个总量指标可以分解为两个或两个以上因素指标的乘积,将其中一个或一个以上的因素指标固定下来,仅观察其中一个因素指标的变动程度,这样的总指数就称为综合指数。

综合指数的重要意义,是它能够比较全面、准确地反映所研究的现象总体总的变动程度和随之产生的绝对数效果。

2. 综合指数的特点

从综合指数的编制方法上看,它有以下几个特点:

(1)先综合后对比,即先解决现象总体中各个体由于使用价值不同、度量单位不同而不能直接加总的问题。为此,需要从现象的内在联系出发,确定与研究现象相联系的因素,使其称为同度量因素,从而将不能直接加总的指标过渡到能够相加和对比的指标,然后进行对比。例如,要观察两个不同时期商品总量的变化情况,由于不同商品的使用价值不同、度量单位各异,各种商品的数量不能直接相加。但如果把各种商品的数量转化为价值量,也就是把各种商品量乘以各自相应的价格,得到各自的价值量。马克思在《资本论》中曾说过:"作为使用价值,商品首先有质的差别;作为交换价值,商品只能有量的差别,因而不包含任何一个使用价值的原子。"这就是说,价值量是可以相加汇总的。这样,将两个时期总价值量进行对比,就可以计算综合指数。

(2)把总量指标中的同度量因素加以固定,以测定所要研究的因素,即指数化指标的变动程度。例如,如果我们要研究的是两个时期工资总额中各类职工人数数量的变动,就需要将两个时期各类职工的平均工资作为同度量因素固定在同一时期,以测定两个时期各类职工人数数量变动的情况。

(3)分子、分母所研究的范围原则上必须一致，所反映的现象变动程度应是所综合的资料范围内该现象的变动程度。例如，可以编制一个企业、一个地区、一个部门或全国的指数等等，无论范围大小，分子、分母范围都应一致，并以全面资料为基础，因此，编制综合指数所采用的是全面调查资料，不存在抽样误差的问题。

§5.2.2 综合指数编制的原则和方法

综合指数的编制方法是编制总指数的基本方法。构成现象总体的因素大体可分为数量因素和质量因素，所以综合指数也就分为数量指标综合指数和质量指标综合指数。这两种综合指数编制的基本原理是一样的，只是在处理方法上略有不同。

编制综合指数应解决的问题:从上述综合指数的概念中知道，综合指数是指研究社会经济现象总体总量的变动情况。若所考察的总体总量中的各个个体数量是同度量的，则可将这些同度量的个体数量直接相加得到总体总量，然后将两个不同时期或不同空间的总体总量对比，即可得到综合指数。

这样，无论是编制销售量总指数，还是编制价格总指数，首先都遇到一个相同的问题，即将不同度量的各个个体数值转化为同度量的数值，然后才能加总相对比得出总指数。各种商品的销售量或价格之所以不同度量，是由于各种商品数量均采用实物单位计量，不同性质的实物量，其计量单位也不同，要使其转化为同度量必须将其变为同一种计量单位，在这时显然价值单位就是合适的统一单位，故可统一化为价值计量单位。这样，就可以将各种商品的实物量乘以价格转化为各种商品的销售额进行加总对比计算销售量总指数，或者将各种商品的价格乘以销售量同样也转化为各种商品销售额进行加总对比计算价格总指数。

在编制销售量总指数时，销售量是指数化因素，价格是同度量因素;在编制价格总指数时，价格是指数化因素，销售量是同度量因素。需要指出两点:其一，上述各种不同度量的情况，一般表现在总量指标分解为乘积的因素指标中，组成总量指标的各个个体数量一般是同度量，而组成因素指标的各个个体数量是不同度量的，这样，在编制各因素指标总指数时，均需要解决同度量的问题。其二，在上述编制销售量总指数和价格总指数时，分别用价格和销售量作为同度量因素，但从编制销售量总指数的目的来看，销售量总指数是反映各种商品销售量的综合变动情况，作为同度量因素的价格应该固定在某一时期。价格总指数是反映各种商品价格的综合变动情况，作为同度量因素的销售量也应该固定在某一时间。这就是编制综合指数所遇到的第二个问题，即同度量因素所属时期的确定问题。在我国编制总指数实践中，一般将数量指标指数中的同度量因素固定在基期，质量指标指数中的同度量因素固定在报告期，这主要是出于编制指数体系来考虑的。从国外来看，在同度量因素所属时期的确定上，则不存在统一的固定模式，但有一点是肯定的，这就是同度量因素必须固定。从理论上讲，同度量因素固定在不同时期，指数就说明不同的情况，具有不同的意义。

1. 数量指标综合指数

数量指标综合指数是说明数量指标变动情况的，即总体规模变动情况的比较指标。例如，工业产品生产量指数、商品销售量指数等，下面以企业产品生产量指数为例，说明数量指标综合指数的编制原理和方法。有关资料如表5-1所示。

表 5-1

产品类别	计算单位	产品数量		产品价格(元)	
		基期 Q_0	报告期 Q_1	基期 P_0	报告期 P_1
A 类	吨	130	150	400	600
B 类	件	5000	6000	10	8
C 类	个	2000	2500	24	26

根据表 5-1 中资料，要确定 A、B、C 三类产品生产量的总变动情况，就必须计算生产量总指数。由于三类产品的度量单位分别为吨、件和个，显然不能直接加总，必须借助于同度量因素这一媒介，也就是本例中的价格因素，分别计算出报告期和基期的产品价值总额，然后将两个时期产品价值总额加以对比。由于产品价值的变化包括两个因素的变化，因此，只能固定其中的同度量因素(即价格)，才能观察另一因素(即生产量)的变化。其一般公式为：

$$\overline{K_Q}=\frac{\sum Q_1P}{\sum Q_0P}$$

式中：$\overline{K_Q}$——生产量总指数；

P——某一时期价格；

Q_1——报告期生产量；

Q_0——基期生产量。

作为同度量因素的价格，可以固定在基期，也可以固定在报告期，还可以固定在某一时期，采用不同时期的价格，会得到不同的计算结果，自然也反映不同的经济意义。

①拉氏综合指数——以基期价格作为同度量因素

综合指数是由德国统计学家拉斯佩雷斯提出的一种综合指数。用来表示物量总指数，用表示物价总指数。拉氏综合指数的计算公式为：

$$\overline{K_Q}=\frac{\sum Q_1P_0}{\sum Q_0P_0}$$

式中：P_0——基期价格。

其计算结果的经济意义是：假定在基期价格水平的情况下，产品生产量的综合变动方向和程度。分子与分母的差额($\sum Q_1P_0—\sum Q_0P_0$)说明，由于产品生产量变动对产值绝对数的影响程度。以表 5-1 的资料为例，列出产品生产量综合指数计算表(见表 5-2)。

表 5-2 **产品生产量综合指数计算表(1)**

产品类别	计算单位	生产量		基期价格 P_0(元)	产品产值(元)	
		基期 Q_0	报告期 Q_1		基期实际 P_0Q_0	报告期假定 P_0Q_1
A 类	吨	130	150	400	52 000	60 000
B 类	件	5000	6000	10	50 000	60 000
C 类	个	2000	2500	24	48 000	60 000
合计	—	—	—	—	150 000	180 000

$$\overline{K_Q}=\frac{\sum Q_1P_0}{\sum Q_0P_0}=\frac{180000}{150000}=1.20(\text{或 }120\%)$$

计算结果表明，三类产品生产量平均增长20%。由于产量增加而使产值增加量为：

$\sum Q_1P_0-\sum Q_0P_0=180000-150000=30000$(元)

拉氏综合指数公式的特点是： 不论是物量总指数还是物价总指数，其同度量因素都固定在基期。

②派氏综合指数——以报告期价格作为同度量因素，其计算公式为：

$$\overline{K_Q}=\frac{\sum P_1Q_1}{\sum P_1Q_0}$$

式中：P_1——报告期价格。

其计算结果的经济意义是：假定在报告期价格水平的情况下，产品生产量的综合变动方向和程度。分子与分母相减的差额($\sum P_1Q_1-\sum P_1Q_0$)说明，由于生产量变动对产值对数的影响程度，但仍以5－1的资料为例，列出生产量综合指数计算表(见表5－3)。

$$\overline{K_Q}=\frac{\sum P_1Q_1}{\sum P_1Q_0}=\frac{203000}{170000}=1.194\text{ 或 }119.4\%$$

计算结果表明，三类产品生产量平均增长119.4%。由于产品产量增长，使产值增加量为：

$\sum P_1Q_1-\sum P_1Q_0=203000-170000=33000$(元)

表5－3　　　　产品生产量综合指数计算表(2)

产品类别	计算单位	产品数量		报告期价格 P_1(元)	产品产值(元)	
		基期 Q_0	报告期 Q_1		基期假定 P_1Q_0	报告期实际 P_1Q_1
*A*类	吨	130	150	600	78 000	90 000
*B*类	件	5000	6000	8	40 000	48 000
*C*类	个	2000	2500	26	52 000	65 000
合计	—	—	—	—	170 000	203 000

派氏综合指数是由德国另一位统计学家派煦提出的一种综合指数。其特点是：不论是物量总指数还是物价总指数，其同度量因素都固定在报告期。

从理论上讲上述两个公式均可成立，但在实际工作中，编制销售量综合指数时，一般均采用基期价格作为同度量因素。这是因为编制销售量综合指数的目的，是要排除价格因素的影响，单纯反映销售量的总变动。为此，必须将价格固定在基期上，这才符合经济现象的客观实际。

编制数量指标综合指数的一般原则是采用基期的质量指标作同度量因素。这一原则有两层含义：一是编制数量指标指数应以质量指标作同度量因素；二是将同度量因素固定在基期。

2. 质量指标综合指数

质量指标综合指数是说明质量指标变动方向和程度的指数。例如：反映产品或商品的价格变动的价格指数，反映产品的单位成本变动的成本指数；反映产品的原材料耗用变动的原材料单耗指数等等。

现以产品的出厂价格指数为例，说明质量指标综合指数的编制原理和方法。利用表5－1

的资料，编制出表5－4和表5－5的计算表。

表5－4

产品类别	计算单位	产品价格		报告期产量 Q_1	产品产值(元)	
		基期 P_0	报告期 P_1		报告期假定 P_0Q_1	基期实际 P_1Q_1
A类	吨	400	600	150	60000	90 000
B类	件	10	8	6000	60000	48 000
C类	个	24	26	2500	60000	65 000
合计	—	—	—	—	180000	203 000

编制产品价格指数，要把产量指标作为同度量因素，将其固定，以观察价格的变动。

①以报告期产量作为同度量因素，其计算公式为：

$$\overline{K_P}=\frac{\sum P_1Q_1}{\sum P_0Q_1}$$

这个指数公式称为派式指数公式。计算分析结果说明，在报告期实际产量的情况下，产品价格综合变化的方向和程度;分子分母的差额($\sum P_1Q_1-\sum P_0Q_1$)表明，由于产品价格的变化，对产品价值变化的影响程度。

例如，根据表5－4的资料计算：

$$\overline{K_P}=\frac{\sum P_1Q_1}{\sum P_0Q_1}=\frac{203000}{180000}=112.78\%$$

上述结果表明，三种产品价格综合上升了12.78%，使产品价值上升了。

$$\sum P_1Q_1-\sum P_0Q_1=203000-180000=23000(\text{元})$$

②以基期产量作为同度量因素，其计算方式为：

$$\overline{K_P}=\frac{\sum P_1Q_0}{\sum P_0Q_0}$$

这个指数计算结果的经济意义:是假定维持基期的产量，产品价格的变动方向和程度，这是拉氏指数公式。

表5－5

产品名称	计算单位	产品价格(元)		基期产量 Q_0	产品产值(元)	
		基期 P_0	报告期 P_1		基期实际 P_0Q_0	报告期假定 P_1Q_0
A	吨	400	600	130	52000	78000
B	件	10	8	5000	50000	40000
C	个	24	26	2000	48000	52000
合计	—	—	—	—	150000	170000

根据表5－5的资料计算：

$$\overline{K_P}=\frac{\sum P_1Q_0}{\sum P_0Q_0}=\frac{170000}{150000}=113.33\%$$

上述计算结果表明，三种产品价格综合上升了13.33%，使产品价值上升了。

$\sum P_1Q_0-\sum P_0Q_0=170000-150000=20000$(元)

上升的20000元是维持基期产量情况的影响绝对值。这实际上是不可能的，所以现实意义就削弱了。

③以报告期和基期的产量之和为同度量因素，其计算方式为：

$$\overline{K_P}=\frac{\sum P_1(Q_0+Q_1)}{\sum P_0(Q_0+Q_1)}$$

利用表5－1的资料编制出表5－6的计算表。

$$\overline{K_P}=\frac{\sum P_1(Q_0+Q_1)}{\sum P_0(Q_0+Q_1)}=\frac{373000}{330000}=113.03\%$$

计算结果表明，产品价格上扬了13.03%，影响两期产品价值上升了。

$\sum P_1(Q_0+Q_1)-\sum P_0(Q_0+Q_1)=373000-330000=43000$(元)

表5－6

产品名称	计算单位	产品价格(元)		两期产量之和(Q_0+Q_1)	产品产值(元)	
		基期 P_0	报告期 P_1		基　期 $P_0(Q_0+Q_1)$	报告期 $P_1(Q_0+Q_1)$
A	吨	400	600	280	112000	168000
B	件	10	8	11000	110000	88000
C	个	24	26	45000	108000	117000
合计	—	—	—	—	330000	373000

§5.3　平均指数的应用

§5.3.1　平均指数的含义

平均指数是计算总指数的另一种形式，它是在个体指数的基础上计算总指数。在解决复杂总体各组成要素不能直接相加与综合的问题上，平均指数与综合指数是不同的。平均指数是个体指数的加权平均数，它是先计算个体指数，然后将个体指数加权平均而计算的总指数。平均指数和综合指数是计算总指数的两种形式，它们之间既有区别，又有联系。

从区别看：①是在解决复杂总体不能直接同度量问题的思想不同。综合指数是通过引进同度量因素，先计算出总体的总量，然后进行对比，即先综合，后对比。而平均指数是在个体指数的基础上计算总指数，即先对比，后综合。②是在运用资料的条件上不同。综合指数需要研究总体的全面资料，起综合作用的同度量因素的资料要求比较严格，一般应采用与指数化指标有明确经济联系的指标，且应有一一对应的全面实际资料，如计算产品实物量综合指数，必须一一掌握各产品的实际价格资料。平均指数则既适用于全面的资料，也适用于非全面的资料。③是在经济分析中的具体作用亦有区别。综合指数的资料是总体的有明确的经济内容的总量指标。因此，总指数除可表明复杂总体的变动方向和程度外，还可从指数化指标变动的绝对效果上进行因素分析。平均指数除作为综合指数变形加以应用的情况外，一般只能通过总指数表明复杂总体的变动方向和程度，而不能用于对现象进行因素分析。

平均指数和综合指数的联系主要表现为在一定的权数条件下，两类指数间有变形关系。由于这种变形关系的存在，当掌握的资料不能直接用综合指数形式计算时，则可以用平均指数形式计算，这种条件下的平均指数与其相应的综合指数具有完全相同的经济意义和计算结果。

统计指数法不仅用于总量指标的分析，还可用于平均指标的动态分析。这种用于动态分析平均指标的方法称为平均指标指数。即同一经济内容的两个不同时期的平均指标数值之比。它是对平均指标的变动情况进行分析的一种方法。平均指标指数的一般公式为：

$$k=\frac{\overline{x_1}}{\overline{x_0}}=\frac{\dfrac{\sum x_1f_1}{\sum f_1}}{\dfrac{\sum x_0f_0}{\sum f_0}}=\frac{\sum x_1f_1/\sum f_1}{\sum x_0f_1/\sum f_1}x\frac{\sum x_0f_1/\sum f_1}{\sum x_0f_0/\sum f_0}$$

式中：$\overline{x_1}$——报告期平均指标数值；

$\overline{x_0}$——基期平均指标数值。

常见的平均指标指数有劳动生产率指数、平均工资指数、平均单位成本指数等。下面以劳动生产率指数为例，介绍平均指标指数的基本原理和分析方法。

劳动生产率指数的计算公式如下：

$$k=\frac{\overline{q_1}}{\overline{q_0}}=\frac{\dfrac{\sum q_1T_1}{\sum T_1}}{\dfrac{\sum q_0T_0}{\sum T_0}}$$

式中：$\overline{q_1}$——报告期平均劳动生产率；

$\overline{q_0}$——基期平均劳动生产率；

q_0——报告期劳动生产率；

q_1——基期劳动生产率；

$\sum T_0$——基期工人总数；

$\sum T_1$——报告期工人总数；

$\sum q_1T_1$——报告期产量；

$\sum q_0T_0$——基期产量。

上式也可改写为：

$$k=\frac{\sum q_1\cdot\dfrac{T_1}{\sum T_1}}{\sum q_0\cdot\dfrac{T_0}{\sum T_0}}$$

显而易见，劳动生产率指数反映两个因素变动的影响，即各种工人劳动生产率变动的影响和各组工人数在全部工人总数中所占比重变动的影响。这是因为加权算术平均数本身包括标志值和权数两个因素，所以平均指标指数所反映的变动程度也包括两个因素的影响，即不仅受所平均的经济指标变动的影响，而且还受所研究总体内部单位数结构变动的影响。

因为平均指标指数受两个因素的影响，这又类似于综合指数中的两个因素间的关系，为了测定一个因素的变动情况，必须将另一个因素固定下来，因此，应利用因素分析法对平均指标指数进行分析。

§5.3.2 平均指数的计算

编制平均指数时，往往是计算该指标的个体指数，再用某个总量指标进行加权平均。

1. 加权算术平均数指数

在数量指标综合指数$\frac{\sum q_1p_0}{\sum q_0p_0}$中，如果掌握数量指标的个体指数 $k=\frac{q_1}{q_0}$资料和基期的总量指标，将 $q_1=kq_0$ 代入数量指标综合指数公式，可得到加权算术平均数指数：

$$\text{加权算术平均数指数}=\frac{\sum kq_0p_0}{\sum q_0p_0}$$

上式中，K 表示数量指标的个体指数，q_0p_0 表示基期的某个总量指标。也就是说，加权算术平均数指数，通常以基期总值 q_0p_0 为权数对个体数量指标指数进行加权算术平均，以此计算的加权平均数指数等于数量指标综合指数。$\sum kq_0p_0-\sum q_0p_0$ 表示由于数量指标的变化引起的总量指标变化的绝对额。

2. 加权调和平均数指数

在质量指标综合指数$\frac{\sum q_1p_1}{\sum q_1p_0}$中，如果掌握质量指标个体数 $k=\frac{p_1}{p_0}$资料，将 $p_0=\frac{p_1}{k}$代入质量指标综合指数公式，得到加权平均数指数公式：

$$\text{加权调和平均数指数}=\frac{\sum q_1p_1}{\sum \frac{1}{k}q_1p_1}$$

上式中，K 表示质量指标个体指数，q_1p_1 表示报告期的某个总量指标。也就是说，加权调和平均数指数是以报告期总值 q_1p_1 为权数对个体质量指标指数进行加权调和平均，据此计算的加权平均数指数等于质量指标综合指数。$\sum q_1p_1-\sum \frac{1}{k}q_1p_1$ 表示由于质量指标的变化引起总量指标变化的绝对额。

§5.3.3 平均指数的应用

平均指数也是编制总指数的一种重要形式，在一定的权数条件下和综合指数存在变形关系。平均指数有它独立的应用意义。平均指数和综合指数比较有两个重要特点：①综合指数主要适用于全面资料编制，而平均指数既可以依据全面资料编制，也可以依据非全面资料编制；②综合指数一般采用实际资料做权数编制，平均指数在编制时，除了用实际资料做权数外，也可以用估算的资料做权数。

§5.3.4 平均指标指数的因素分析

平均指标指数变动既包括标志值也包括权数构成的变动。如表 5－7 资料所示，全厂劳动生产率的上升是由两个因素的共同影响所致:一是甲乙两车间职工平均劳动生产率的变动;二是甲乙两车间人员比重的变动。为了分析的方便,我们将通过计算下面三种指数形式来完成。

1. 可变组成指数

可变组成指数简称可变指数,是根据报告期和基期总体平均指标的实际水平对比计算的,包括了总体各部分(组)水平和总体结构两个因素变动的综合影响。它全面地反映了总体平均水平的实际变动状况。在结构影响较大的情况下,可变构成指数的数值有可能超出各个部分的变动程度范围。也就是说,与各个部分(组)的指数相比较,有可能比最大的部分指数还大,也有可能比最小的部分指数还小。

2. 结构影响指数

结构影响指数,它是将各部分(组)水平固定在基期条件下计算的总平均指标指数,用以反映总体结构变动对总体平均指标变动的影响。

3. 固定构成指数

固定构成指数是将总体构成(即各部分比重)固定在报告期计算的总平均指标指数。该指数消除了总体结构变动的影响,专门用以综合反映各部分(组)水平变动对总体平均指标变动的影响。因而,在其数值表现上,它总是介乎于各部分(组)指数的范围内。事实上,固定构成指数是各个部分(组)指数的加权算术平均数。

思考题:

1. 指数概念是什么?
2. 什么叫综合指数?
3. 综合指数和平均指数有何联系和区别?
4. 如何编制综合指数?
5. 利用指数因素分析方法如何评价平均指标的变动?

参考阅读材料:

1. 统计学,[美]*David Freedman* 等著,中国统计出版社,1998
2. 社会经济统计学原理——基本理论与方法入门,周恒彤主编,中国统计出版社,2000
3.《统计学基础》,于声涛,科学出版社,财经类"十一五"规划教材

第6章 抽样推断

● **主要内容**

1. 抽样推断的概念
2. 抽样推断的理论基础
3. 抽样误差
4. 抽样组织形式
5. 抽样方案的设计

◇ **引导案例：**

某省政府部门欲了解全省农民收入的平均水平。该省幅员辽阔,人口众多,如果采用普查则工作量及调查费用将异常庞大。一个可行的方法是在全省抽取部分农户进行调查,根据这部分调查所得收入数据资料去推断全省农民收入的平均水平。

某水泥厂加强产品质量控制和管理,需考察水泥标号是否达到规定标准,其方法是将水泥做成试块进行耐压试验。由于这种试验是一种破坏性试验,显然不能把全部水泥都做成试块,只能从全部水泥中抽取部分进行试验。

从上面例子可以看出，在很多统计问题中，或者由于人力、物力、财力或时间限制，或者由于取得全部数据是不可能的，或者虽然能够取得全部数据但数据收集本身带有破坏性，我们不能收集全部数据，只能从中收集部分数据，依据这部分数据对所研究对象的数量特征或数量规律性进行推断。这种依据部分观测取得的数据对整体的数量特征或数量规律性进行的推断称为统计推断。

§6.1 抽样推断的基本理论

§6.1.1 抽样推断的基本概念

1. 抽样推断的定义

抽样推断就是按照随机原则，从总体中抽取一部分总体单位进行观察，根据这部分总体单位资料推算总体指标的一种统计方法。在实际工作中，许多场合我们不可能对总体的所有单位进行全面调查，来达到对总体数量特征的认识。例如，在市场商品需求量、城市居民家庭收支情况等方面，我们都很难对每个单位进行观察，只能通过抽样调查取得部分实际资料，来估计和判断总体的数量特征，以达到对现象总体的认识。

抽样推断的中心问题是如何根据已知的部分资料来推断未知的总体情况。例如:根据对1%日光灯管的使用寿命进行检验，对全部日光灯管的使用寿命作出推断;根据少数职工家庭的生活状况调查资料，推算全国职工生活的实际水平等等。这些均属抽样推断。

可见，抽样推断既是搜集统计资料的方法(一般亦称抽样调查)，同时又是对想像总体进行科学的估计和判断的分析方法。因此，抽样推断在统计调查和统计分析中都得到广泛的应用。抽样推断理论是统计理论的重要组成部分。

2. 抽样推断的特点

(1)抽样推断是非全面调查，由于抽样推断只从总体中抽取一部分单位进行观察，因而是一种非全面调查方法。

(2)抽样推断是按随机原则抽选调查单位。随机原则是指在抽取调查单位时，总体中的每个单位都有同等抽中的机会，调查单位的确定既不受调查者主观愿望的影响，也取决于被调查者是否愿意合作，完全排除了人的主观意识的影响，抽选与否纯粹是偶然事件。按随机原则抽取调查单位是抽样推断的基本要求，只有这样，才能使抽中的单位具有较大的代表性。

(3)抽样推断是用样本的指标数值去推算总体的指标数值，抽样推断要根据对样本单位进行观察所得的实际资料，对全部总体的数量特征进行推断，也是抽样推断的目的。

(4)抽样推断中产生的抽样误差可以事先计算并加以控制，抽样推断是以样本的统计量来估计总体的数量特征，虽然也存在一定的误差，但在随机抽样条件下，抽样误差范围可以事先通过有关资料加以计算，因而也就有可能按一定的程序对总体数量特征作出具有一定可靠程度的推断，而且能够通过各种组织措施(例如，增加样本单位数、改善抽样组织等等)来控制抽样误差范围，保证抽样推断的结果达到预定的可靠程度的要求。

3. 抽样推断的作用

抽样推断在社会经济统计中，有其独特的重要作用。

(1)对有些不可能或不必要进行全面调查，但又需要了解其全面数量情况的社会经济现象，则可以运用抽样推断，实现调查的目的。例如，在工业生产中检验某些产品质量时，常常具有破坏性。如灯泡的寿命检验，棉纱的拉力检验等等，不可能对全部产品进行检验，而必须采用抽样，以样本资料推断总体的质量状况。又例如有些现象总体过大，单位过于分散，进行全面调查实际上是不可能的。如检验水库的鱼苗数，森林的木材积蓄量等，也必须采用抽样推断。又有些社会经济现象，从理论上说，可以进行全面调查，但调查范围太广、单位太大，因而不必要进行全面调查，采用抽样推断便可节省人力、费用、时间，并可提高资料的准确性。

(2)抽样调查与全面调查同时进行，可以发挥互相补充和检查调查质量的作用。全面调查由于范围广、工作量大、参加人员多，往往容易发生登记性误差和计算误差。如果在全面调查后，随即抽取一部分单位重新调查一次，将这些单位两次调查的资料，进行对照，加以比较，计算其差错率，并据以对全面资料加以修正，可以进一步提高全面调查资料的准确性。

(3)抽样推断可以用于工业生产过程的质量控制。抽样推断法可以有效地应用于对成批或大量连续生产的工业产品在生产过程中进行质量控制，检查生产过程是否正常，及时提供有关信息，便于采取措施，防止废品的发生。

(4)利用抽样推断法还可以对某种总体的假设进行检验，判断其真伪，以作出正确的决策。例如，新工艺、新技术的改革，是否能收到明显的效果，需要对未知或完全不知道的总体作出一些假设，然后利用抽样推断法，根据实验的材料对所作假设进行检验，作出判断。

3. 抽样推断法中的几个基本概念

(1)全及总体、抽样总体

①全及总体，简称总体，是指所要研究对象的全体。它是由所研究范围内具有某种共同性质的许多单位组成的集合体。例如，我们要研究某城市职工的生活水平，则该城市的全体职工构成全及总体。

全及总体按各单位标志的性质不同，可分为变量总体和属性总体。前者总体中各单位的标志为数量标志，后者总体中各单位的标志为品质标志。对于变量总体又可以按其所包含的单位数以及相应的变量多少，而分为无限总体和有限总体。无限总体所包含的单位为无限多，因而各单位也就有无限多的取值。这种无限变量又可分为两类，一类是可列的无限变量，即变量值大小可以按顺序加以一一列举；另一类是不可列无限变量，它是一种连续变量，在任何一个区间内都有无限多的变量，不可能按顺序加以一一列举。有限总体所包含的单位是有限的，其变量值也是有限的，当然可以按顺序加以一一列举。

②样本总体，又叫子样，简称样本。它是从全及总体中随机抽取出来的，用以代表全及总体的部分单位的集合。如果全及总体称母集，那么样本总体称子集。在抽样推断实践中，一般样本单位达到或超过 30 个称大样本，在 30 个以下的称小样本。社会经济统计中的抽样推断，一般采用大样本。样本总体的单位数相对全及总体的单位数，是很少的。以很小的样本来推断很大的总体，是抽样推断法的重要特点。

(2)全及指标和抽样指标

①全及指标。根据全及总体各个单位的标志值或标志特征计算的、反映总体某种属性的综合指标，称为全及指标。

不同性质的总体，需要计算不同的全及指标。例如，变量总体可以计算总体平均数，用大写英文字 x 表示。而属性总体，则只能计算比重结构指标，称为总体成数，用大写英文字母 P 表示；变量总体也可计算成数。

此外，全及指标还有总体标准差和总体方差。它们是测度总体标志值分散程度的指标。总体标准差用 σ 表示，总体方差用 σ^2 表示。

②抽样指标。由样本总体各个标志值或标志特征计算的综合指标，称为抽样指标。它有抽样平均数，用小写英文字母 x 表示；抽样成数，用小写英文字母 p 表示；样本标准差用 S 表示；样本方差，用 S^2 表示。

③样本容量。指样本中的单位数。样本容量在抽样设计中是一个十分重要的问题，因为样本容量大可以提高抽样的准确度，但耗费则要增大；样本容量小，则会降低抽样的准确度，但亦可以减少耗费。因此，如何科学地、恰当地规定合理的样本容量，则是要十分慎重考虑的问题。关于样本容量数目，即样本必要的单位数目，将结合抽样方式加以阐述。

4. 抽样方法和样本数目

抽样方法，即按随机原则从全及总体抽取样本总体的方法。按抽样方法的不同可以进行下列分类：

(1)按抽取方式，可分为两类

①重复抽样。所谓重复抽样，就是每抽出一个样本单位登记后，随即又把它放回到全及总体中去，使它和其余未被抽中的单位在下次抽样中仍有同等被抽中的机会。在重复抽样的过程中，全及总体的单位数始终不变。从总体 N 个单位中抽取一个容量为 n 的样本，每次从

总体抽取一个，连续抽取 n 个，每次抽出的一个单位，将其结果登记后又放回，重新参加下一次抽选。

②不重复抽样。所谓不重复抽样，是指已被抽取出来的单位登记后不再放回到全及总体中去，任何一个单位一经抽出，就不再参加以后的抽样，也就是说，每个单位只能被抽中一次，不会被重复抽中。从总体 N 个单位中抽取一个容量为 n 的样本，每次从总体抽取一个，连续抽取 n 个，但每次抽出的一个单位，将其结果登记后，不再放回参加下一次的抽选。

这两种选择的最大区别是，重复抽样，每次抽选都是独立的，即前一次抽选不影响后一次抽选，每个单位中选或不中选的机会在各次抽选中是相同的。而不重复抽样，每次抽选不是独立的，即前一次抽选会影响下一次抽选，每个单位中选或不中选的机会在各次抽选中是不相同的。

(2)按抽样考虑顺序或不考虑顺序，又可分为两种

①考虑顺序抽样。是指若先抽取单位 A，再抽取单位 B，则构成样本 AB；若先抽取 B，再抽取 A，则构成样本 BA。样本 AB 和样本 BA，视为两个样本。

②不考虑顺序抽样。是指仍按前一种抽取样本单位的结构，构成 AB 和 BA 样本，若不考虑顺序时，则视样本 AB 和样本 BA 为一个样本。

将上述的两种分类，相互交叉则如下图所示：

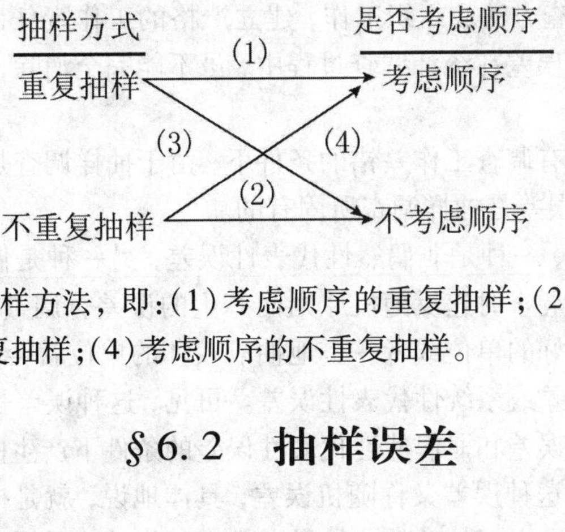

这样，就形成四种抽样方法，即：(1)考虑顺序的重复抽样；(2)不考虑顺序的不重复抽样；(3)不考虑顺序的重复抽样；(4)考虑顺序的不重复抽样。

§6.2　抽样误差

§6.2.1　抽样误差的概念

1. 抽样误差的概念

抽样误差是抽样法理论的一个重要内容。我们知道，抽样法的实质是采用样本指标去推断或估计总体指标，而这种推断或估计的根据或基础就是抽样误差。因此，怎样计算、使用和控制抽样误差就成为抽样调查的重要问题。抽样误差使任何统计调查工作的调查结果都会与实际情况有一定的差别，即会产生统计调查误差。

抽样误差是指随机误差，也就是按随机原则抽样时，在没有大的登记误差和偏差条件下，单纯由于不同的随机样本得出不同的估计量而产生的误差。

由于总体平均数和成数是惟一确定的，抽样平均数和成数则是随机变量，因而抽样误差也不是惟一确定的，而是随机变量，抽样误差越小，表示样本的代表性越高；反之，样本的代

表性就越低。同样，抽样误差还说明样本指标与总体指标的相差范围，因此它也是推算总体的依据。

综上所述，抽样误差是抽样调查自身所固有的不可避免的误差，虽然不能消除这种误差，但可以用数理统计方法进行计算，确定其数量界限并加以控制，也就是根据研究的需要，把它控制在所允许的范围以内。

2. 抽样误差的种类

由样本估算总体，两者之间总是要出现差距的，这种由样本得到的估计值与被估计的总体未知真实特征值之差，就是误差，即样本指标数值与总体指标数值之间的差数，例如，抽样平均数与总体平均数之差($\bar{x}-\bar{x}$)，抽样成数与总体成数之差($p-P$)。

由于造成统计误差的原因不同，所以误差又分为登记性误差和代表性误差。

(1)登记性误差

指在调查过程中，由于各种主、客观原因的影响而引起的诸如测量错误、记录错误、计算错误、抄录错误，以及被调查者所报不实、指标含义不清、口径不一致、遗漏或重复调查等原因而造成的误差。登记性误差也称为调查误差或工作误差。登记性误差在全面调查和非全面调查中都可能发生。调查的范围越广泛，规模越大，内容越复杂，参加调查的人员越多，发生登记性误差的可能性也就越大;反之，可能性就越小。登记性误差可以通过提高调查人员的思想和业务水平，改进调查方法和组织工作，建立严格的工作责任制加以避免，使这类误差降低到最低的限度。这种误差在统计调查过程中，虽不能完全消除，但应尽量避免和减少。

(2)代表性误差

代表性误差是指在没有调查工作差错的条件下，由于抽样调查是用样本总体代表全及总体，必然产生误差，这种误差是抽样调查所固有的。

代表性误差也有两种，一种是非偶然性代表性误差，另一种是偶然性代表性误差。非偶然性代表性误差是指抽样调查时违反随机原则而产生的误差。调查人员如果带有主观偏见，如抽取样本一贯地抽取较好的单位或者一贯地抽取较坏的单位就会产生误差，所以，这种误差又称为一贯性代表性误差或系统性代表性误差。可见，这种误差是应该避免的。偶然性代表性误差是指在没有登记误差和非偶然性代表性误差的条件下产生的误差，即样本指标与总体指标之间的数量差别。这种误差又称随机误差，具体地说，就是抽样平均数与全及平均数之间或抽样成数与全及成数之间的差数。抽样误差正是指的这种误差。抽样调查不可避免地要产生抽样误差。因为抽样调查只是从总体中抽取一小部分单位进行调查，即使做到严格地遵守随机原则，也无法使样本总体的结构与全及总体的结构完全一致，而只要两者结构稍有不同，计算出来的抽样指标就不会与全及指标完全相同。因此，抽样误差是抽样法本身决定的，是没有确定原因的随机性误差。

所以抽样误差又叫随机性误差。抽样误差虽不可避免，但却可以设法加以控制，把它限定在允许的范围之内。随机性误差又有两种，一是实际误差，二是平均误差。由于从一个总体中可以抽取一个样本总体，也可以抽取多个样本总体，而每个样本总体都可算出它的抽样指标，但每一个样本指标实际上都与总体指标有一个差数，这些实际存在的抽样指标与总体指标的差数就叫实际误差。平均误差是所有样本指标与总体指标(抽样平均数或抽样成数)

的标准差，也就是所有样本的实际误差的平均数。由于总体指标(全及平均数或全及成数)是未知的，所以实际误差也是我们所无法知道的，但抽样平均误差是可以计算的。计算抽样平均误差有两个方面的作用:①它是抽样法的基础。用样本指标去推算全及总体指标，离开了抽样平均误差是不可能的。②利用它可以确定抽样推断的可靠程度，从而可以控制抽样误差的范围以及计算抽样的单位数目。

3. 影响抽样误差的因素

影响抽样误差大小的因素主要有以下三种:

(1)抽样单位数目的多少

在其他条件不变的情况下，抽样单位数目越多，抽样误差越小;反之，抽样单位数目越少，抽样误差就越大。这是因为随着样本单位数的扩大，样本结构就越能反映总体的结构，样本指标就越能代表总体相应的数量特征，当抽样总体扩大到等于全及总体时，则抽样调查就成为全面调查，抽样误差也就不存在了。所以，抽样误差的大小是和抽样单位数目的平方根成反比的。

(2)总体被研究标志的变异程度

在其它条件不变的情况下，总体被研究标志的变异程度越大，抽样误差也越大;反之，总体被研究标志的变异程度越小，抽样误差也就越小。这是因为总体标志变异程度小，表示总体各单位标志值之间的差异小，则抽样指标与总体指标间的差异可能也小。如果总体各单位标志值相等，即标志变动度等于零，这时抽样指标就完全等于总体指标，抽样误差也就不存在了，所以，抽样误差的大小是同全及总体被研究标志的变异程度成正比的。

(3)抽样方法和组织形式的不同

从总体中抽选样本单位有两种不同的方法，即重复抽样和不重复抽样。抽样的方法不同，抽样误差的大小也不同。一般来说，不重复抽样的抽样误差小于重复抽样的抽样误差。

此外，采用不同的抽样组织形式，也会有不同的抽样误差，通常情况下，按照等距抽样和类型抽样方式组织抽样调查，由于经过了排队和分类，可以缩小标志变异程度，因而抽取相同数目的调查单位，其抽样误差会小于简单随机抽样法的抽样误差。

§6.2.2 抽样平均误差

抽样平均误差就是抽样平均数(或抽样成数)的标准差。它反映抽样平均数(或抽样成数)与总体平均数(或总体成数)的平均误差程度，通常用μ_x或μ_p表示。

由于样本是按随机原则抽取的，故在同一总体中，按相同的抽样数目可以抽出许多相同和不同的样本，而每次抽出的样本都可以计算出相应的抽样平均数、抽样成数和抽样误差，即从理论上说，可以计算出很多个抽样误差。它们带有偶然性，有的可能是正误差，有的可能是负误差;有的绝对值可能大些，有的绝对值可能小些。为了用样本指标去推算总体指标，就需要计算这些抽样误差的平均水平，这就是抽样平均误差，用以反映抽样误差的一般水平。

在抽样估计中，总是以平均误差作为计算误差范围的尺度。下面分别就抽样平均数的平均误差和抽样成数的平均误差的计算问题进行论述。

1. 抽样平均数的平均误差

抽样平均误差是衡量样本指标代表性大小的标准。抽样平均误差越小，样本指标与全及总体指标的离差也越小，样本的代表性也就越大；反之，其代表性越小。如果抽样平均误差等于零，则样本指标完全代表全及指标。当然，在实际调查中，抽样平均误差等于零的情况极少，绝大多数是不等于零的，因此，我们需要研究它。在重复抽样情况下，简单随机抽样平均数的平均误差计算公式为：

$$\mu_x = \sqrt{\frac{\sigma^2}{n}} = \frac{\sigma}{\sqrt{n}}$$

式中：μ_x——抽样平均数的平均误差；

σ^2——总体方差；

σ——总体标准差；

n——样本单位数。

由上式可以看出：平均误差与总体标准差成正比，与样本单位数的平方根成反比。因为总体标准差 σ 是不能改变的（它是客观存在的），所以，要想减少抽样平均差以提高抽样指标的代表性，只能增大样本单位数（n）。例如，要使抽样平均误差减少 1/2，则样本单位数必须增大到 4 倍；要使抽样平均误差减少到原来的 1/3，则样本单位数就要扩大到 9 倍。

在不重复抽样的条件下，抽样平均数的平均误差的计算公式为：

$$\mu_x = \sqrt{\frac{\sigma^2}{n}\left(\frac{N-n}{N-1}\right)}$$

当总体单位数（N）很大时，公式中的 $N-1$ 可以用 N 代替。所以，在实际计算时，不重复抽样的抽样平均数的平均误差可用下式计算：

$$\mu_x = \sqrt{\frac{\sigma^2}{n}\left(1-\frac{n}{N}\right)}$$

将上面重复抽样和不重复抽样的平均误差公式相比较，两者相差一个修正系数 $\sqrt{1-\frac{n}{N}}$，这个修正系数是大于 0 而小于 1 的正数。可见，在同样条件下，不重复抽样的平均误差永远小于重复抽样的平均误差。

但是，如果抽样单位数目很少，而总体单位数目很多时，抽样比例 $\frac{n}{N}$ 则很小，这时，$\sqrt{1-\frac{n}{N}}$ 会接近于 1，这就对抽样平均误差的影响不大。所以，在实际工作中，对于不重复抽样时的抽样平均误差，也往往采用重复抽样的公式来计算。

以表 6－1 为例，设有四位工人每周的工资分别为 160 元、200 元、280 元和 320 元，现在从中随机抽取两位工人的工资，求其平均数，用以代表总体的平均工资水平，其抽样平均误差为多少？

表6－1

工人	工资(元)x	与平均工资的离差 $x-\bar{x}$	离差平方 $(x-\bar{x})^2$
甲	160	－80	6400
乙	200	－40	1600
丙	280	40	1600
丁	320	80	6400
合计	960	—	16000

总平均工资$(\bar{X})=\frac{\sum X}{N}=\frac{960}{4}=240$(元)

总体方差$(\sigma^2)=\frac{\sum(X-\bar{X})}{N}=\frac{16000}{4}=4000$

现在，已知总体单位数 $N=4$，样本单位数 $n=2$，总体方差 $\sigma^2=4000$。则：

重复抽样的抽样误差为：

$$\mu_x=\sqrt{\frac{\sigma^2}{n}}=(\sqrt{\frac{4000}{2}})=44.72(\text{元})$$

不重复抽样的抽样平均误差为：

$$\mu_x=\sqrt{\frac{\sigma^2}{n}(\frac{N-n}{N-1})}=\sqrt{\frac{4000}{2}(\frac{4-2}{4-1})}=36.51(\text{元})$$

计算结果表明，不重复抽样的抽样平均误差小于重复抽样的抽样平均误差。这是由于 n 的数目总是大于1($n>1$)，因此，$\sqrt{\frac{N-n}{N-1}}$或者$\sqrt{1-\frac{n}{N}}$的数目总是小于1，用小于1的系数去修正$\sqrt{\frac{\sigma^2}{n}}$，当然要比原来的数字小。这也说明，采用不重复抽样方法比采用重复抽样方法的代表性要高。

2. 抽样成数的平均误差

抽样成数的平均误差的计算与抽样平均数的平均误差的计算大致相同，组成数的总体方差有其特殊之处。

成数的标准差$(\sigma)=\sqrt{P(1-P)}$，所以，成数的方差是 $P(1-P)$ 。成数方差有一个特点，即其最大值为0.25(0.5×0.5)。也就是说，当两种表现的总体单位各占一半时，它的变异程度最大。

在重复抽样条件下，抽样成数的平均误差的计算公式为：

$$\mu_p=\sqrt{\frac{P(1-P)}{n}}$$

在不重复条件下，抽样成数的平均误差的计算公式为：

$$\mu_p=\sqrt{\frac{P(1-P)}{n}(\frac{N-n}{N-1})}$$

当 N 很大时，公式中的 $N-1$ 以 N 代替，则上式可简化为：

$$\mu_p=\sqrt{\frac{P(1-P)}{n}(1-\frac{n}{N})}$$

同样道理，抽样成数的平均误差也受总体标志变异程度(总体标准差)和样本单位数多少的影响；同时，不重复抽样的误差要小于重复抽样的误差。

在没有总体方差或总体标准差时，可以用样本方差（S^2）代替总体方差（σ^2），用$p(1-p)$代替$P(1-P)$，或选用成数方差最大值0.25代替。

【例6-1】某机械厂生产一批零件共5000件，随机抽查250件，发现其中有8件不合格，求合格率的抽样误差。

解：由于不知总体方差，可用样本方差代替。

$$合格率(p)=\frac{n-n_0}{n}=\frac{250-8}{250}=96.8\%$$

在重复抽样条件下：

$$\mu_p=\sqrt{\frac{p(1-p)}{n}}=\sqrt{\frac{0.968(1-0.968)}{250}}=1.113\%$$

在不重复抽样条件下：

$$\mu_p=\sqrt{\frac{p(1-p)}{n}(1-\frac{n}{N})}=\sqrt{\frac{0.968(1-0.968)}{250}(1-\frac{250}{5000})}=1.085\%$$

§6.2.3　抽样极限误差

1. 抽样极限误差的定义

抽样误差是因样本的不同而变化的，我们只能把抽样误差控制在一定的范围内，这就需要研究抽样极限误差问题。抽样极限误差是指抽样指标和总体指标之间误差的可能范围。由于总体指标是一个确定的数，而抽样指标则围绕着总体指标上下变动，它与总体指标可能产生正离差，也可能产生负离差。抽样指标变动的上限或下限与总体指标之差的绝对值就可以表示抽样误差的可能范围，我们将这种以绝对值形式表达的抽样误差可能范围称为抽样极限误差。

具体地说，也就是用一定的概率来保证抽样误差不超过某一特定的最大可能范围（又叫置信区间）。由于总体指标是一个确定的量，样本指标是一个随机变量，所以样本指标是围绕着总体指标左右变动的，它可能大于总体指标，也可能小于总体指标，从而产生正误差与负误差，两者都可以用绝对值表示为$|\bar{x}-\bar{X}|$、$|\bar{p}-\bar{P}|$。这种以绝对值表示的抽样误差的可能范围，就称为极限误差，或称为抽样误差范围和允许误差。

抽样极限误差通常用符号"$\triangle$"表示，$\triangle_{\bar{x}}$为抽样平均数的极限误差，$\triangle_p$为抽样成数的极限误差。由于全及平均数和总体成数都是未知的，要求用实测的抽样平均数和抽样成数进行估计，因此，抽样误差范围的实际意义是希望被估计的总体平均数（$\bar{x}$）包含在$\bar{x}\pm\triangle_{\bar{x}}$的范围内，总体成数（$P$）包含在$\bar{p}\pm\triangle_{\bar{p}}$的范围内。即有：

$$\bar{x}-\triangle_{\bar{x}}\leq\bar{x}\leq\bar{x}+\triangle\bar{x}$$

$$p-\triangle_p\leq P\leq p+\triangle p$$

2. 抽样误差范围估计的可靠程度

抽样平均误差是衡量误差范围的尺度，它表明抽样估计的准确度;抽样极限误差则表明抽样估计准确程度的可能范围。所以，进行抽样估计不但要考虑其准确程度，还应研究估计的可靠程度。

抽样极限误差通常是以抽样平均误差作为标准来衡量的，用 μ_x 或 μ_p 分别除 $\Delta_{\bar{x}}$ 或 Δ_p，得出相对数，在数理统计中称为概率度，表示相对误差范围。其计算公式为：

$$t=\frac{\Delta_{\bar{x}}}{\mu_{\bar{x}}}$$

$$t=\frac{\Delta_p}{\mu_p}$$

抽样极限误差也可以表示为抽样平均误差的若干倍，其倍数即是概率度，用公式表示如下：

$$\Delta_{\bar{x}}=|\bar{x}-\bar{X}|=t\cdot\mu_{\bar{x}}=t\cdot\sqrt{\frac{\sigma^2}{n}}=t\cdot\frac{\sigma}{\sqrt{n}}$$

$$\Delta_p=|p-P|=t\cdot\mu_p=t\cdot\sqrt{\frac{P(1-P)}{n}}$$

抽样极限误差(Δ)可以用 倍的抽样平均误差(μ)来表示，在抽样平均误差一定的条件下，概率度的数值越大，则抽样极限误差的范围也越大，抽样指标代表总体指标所作的估计的可靠程度也就越高;反之，概率度的数值越小，则抽样极限误差的范围也越小，抽样估计的可靠程度也就越低。

如果把可靠程度(即概率)用 P 来表示，那么 P 就是 t 的函数，也就是 $P=F(t)$，表明概率分布是概率度的函数。

从一个全及总体中连续进行多次抽样，可以得到一系列的样本，分别求出各个样本的平均数(或成数)，便可形成一个抽样平均数(或成数)的概率分布。根据中心极限定理证明，不论全及总体是否属于正态分布，只要当抽样总体单位数足够多时(一般以 $n>30$ 为标准)，则抽样平均数(或成数)的分布，逼近于全及平均数(或成数)为对称中心的正态分布，其主要特点是:

第一，若干个抽样平均数(或成数)大于或小于全及平均数(或成数)的概率分布是完全对称的，即正误差和负误差的可能性(即概率)是完全一致的。

第二，抽样平均数(或成数)越接近于全及平均数(或成数)，其出现的可能性越大;反之，抽样平均数越远离全及平均数，其出现的可能性越小。随着概率度的增大，概率的数值也随之增大，逐渐接近于1。这说明预定的概率保证程度越大，则抽样推断估计的可靠程度越大。

为了方便计算，在实际工作中，按不同的值和相应的 $F(t)$ 编制成正态分布概率表供查用。下面例举几个常用的概率度和概率之间的函数数量关系，详见表6－2。

利用概率表，我们可以根据概率度查出相应的概率保证程度，也可以按规定的概率保证程度来估计可能的误差范围。

表 6-2 概率表和概率的函数关系表

t	$F(t)$
1	0.6827
1.28	0.8000
1.5	0.8664
1.64	0.9000
1.96	0.9500
2	0.9545
2.58	0.9900
3	0.9973

参数估计的方法有两种:点估计和区间估计。

点估计也称定值估计，它是以抽样得到的样本指标作为总体指标的估计值，同时给出极限误差和相应的可靠程度的一种估计方法。定值估计也可以用指数估计值，同时给出估计精度和相应的可靠程度来表示。

区间估计是根据一定的精确度和可靠程度的要求，用样本指标和抽样误差去推断总体指标的可能范围的一种估计方法。

以样本平均数(或样本成数)估计总体平均数(或总体成数)时，常常用一种良好的愿望，即希望估计的准确度尽量高一些，同时也希望估计的可靠性也尽量大一些。但这种要求是相互矛盾的，对于一个样本，要求提高估计的准确度，势必会降低估计的可靠性，而要求提高估计的可靠性又必然会降低它的准确度。因为，根据 $\Delta = t - \mu$ ，当 μ 确定后，要缩小抽样误差 Δ，必须缩小 t 值，但概率保证程度 $F(t) = P(\ |\bar{x} - \bar{x}|\ < t \cdot \mu)$，又是 t 的递增函数，如果 t 值缩小，必然会降低概率保证程度 $F(t)$，即估计的可靠性降低。相反，如果要提高估计的可靠性，必须增加 t 值，而这样做的结果又会使 Δ 增大，即估计的准确度降低了。因此，在估计时，只能照顾一点，或给定可信度的要求，去估计误差的可能范围，或给定允许极限误差的要求，进一步推算概率保证程度。所以，对总体平均数(或总体成数)的估计就相应地有两套模式。

第一套模式是根据已经给定的抽样极限误差范围，求概率保证程度。其具体步骤是:

第一步，抽取样本，计算样本平均数(或样本成数)的估计值，并计算样本标准差(S)，以此推算抽样平均误差(μ)。

第二步，根据给定的抽样极限误差范围，估计总体平均数(或总体成数)的下限($\bar{x} - \Delta_{\bar{x}}$ 或 $p - \Delta_p$)和($\bar{x} - \Delta_{\bar{x}}$ 或 $p + \Delta_p$)。

第三步，将抽样极限误差除以抽样平均误差，求出概率度 t 值，再根据 t 值查概率表，求出相应的可信度。

【例 6-2】为了了解某市居民住户拥有电视机的普及率，随机抽取 350 居民，其中有 280 户居民有电视机。要求抽样极限误差范围不超过 3.5%，试对该市居民住户电视机普及率进行估计。

解:(1)抽取样本，并计算样本成数、样本标准差及抽样平均误差。

$$p = \frac{n_1}{n_2} = \frac{280}{350} = 80\%$$

$$S = \sqrt{p(1-p)} = \sqrt{0.8(1-0.8)} = 40\%$$

$$\mu_p = \sqrt{\frac{p(1-p)}{n}} = \sqrt{\frac{0.8\times(1-0.8)}{350}} = 2.14\%$$

(2)根据给定的极限误差范围，计算总体成数的上限和下限。

下限 $= p - \triangle_p = 80\% - 3.5\% = 76.5\%$

上限 $= p + \triangle_p = 80\% + 3.5\% = 83.5\%$

(3)根据 $t = \frac{\triangle_p}{\mu_p} = \frac{3.5\%}{2.14\%} = 1.64$，查概率表得 $F(1.64) = 90\%$。

点估计:估计该市居民户电视机普及率为80%，其误差不超过3.5%的可靠程度为90%，或估计该市居民户电视机普及率为80%，精确度为 $1 - \frac{3.5\%}{80\%} = 95.6\%$，可靠程度为90%。

区间估计:在90%的概率保证程度下，估计该市居民户电视机普及率在76.5% ~ 83.5%之间。

第二套模式是根据给定可信度的要求来估计极限抽样误差的可能范围，其具体步骤是:

第一步，抽取样本，计算样本平均数(或样本成数)，以此作为总体平均数(或总体成数)的估计值，并计算样本标准差，以此推算抽样平均误差。

第二步，根据给定的可信度的要求，查概率表求得概率值。

第三步，根据概率表和抽样平均误差，计算抽样极限误差的可能范围，并据以计算被估计的总体平均数(或总体成数)的上、下限。

§6.3 抽样组织形式及抽样方案的设计

§6.3.1 抽样组织形式

1. 简单随机抽样

(1)简单随机抽样的概念和特点

简单随机抽样又称纯随机抽样。它是按随机的原则直接从总体个单位中抽取多个单位作为样本，保证总体中每个单位在抽选时都有相等的被抽中机会。简单随机抽样是抽样中最基本也是最简单的方式，它适用于均匀总体，即具有某种特征的单位均匀地分布于总体的各个部分，总体的各部分都是同样分布的。在进行抽样调查之前应该先确定总体，并对总体的每个单位进行编号，形成明确的抽样框。所谓抽样框就是指可以选择作为样本的许多单位或个体所组成的总体，然后用抽签的方式或根据《随机数字表》来抽选必要的单位数。

简单随机抽样的特点是:总体中每一个单位被抽中的机会是均等的;抽取样本单位的方法简便，易于掌握，但也有其局限性。当总体单位的标志变异程度不大，或具有某种特征的单位均匀地分布在总体的各个部分时，宜采用此种调查方式;当总体单位数目很大，标志变异程度也大时，则不宜采用。

(2)简单随机抽样的方法

简单随机抽样通常是用抽签的方法抽取所要调查的单位，具体做法是:将总体各单位编号，然后随机抽取，直到抽够预定数目，一般都利用随机数表来抽样。

随机数表是含有一系列随机数字的表格，使用表中的位数等于总体编号的位数，可以从表中任何一个数字开始，向左或向右，向上或向下数均可，碰到和编号相同的号码，就是抽选出的样本单位，直到抽足必要的数目为止。如果采用不重复抽样，应把重复的号码隔过去，另行抽选。例如，要从 40 个总体单位中抽选 4 个样本单位，从表中任意选定的第 11 行第 16 列算起，向右每两个数字组成一组，从第 11 行到第 12 行一直排列下去，可得 39，87，84，91，80，98，79，11，82，51，04，25，41……. 其中:39，11，04，25 号被抽中。在电子计算机日益普及的今天，也可以利用计算机打出随机数量表及抽选样本。

前面所描述的有关抽样平均误差、极限抽样误差以及必要抽样数目等的计算公式，均可用于简单随机抽样。

2. 类型抽样

(1)类型抽样的概念

类型抽样又称分类抽样或分层抽样。它是先将总体按主要标志进行分组(或分类)，再按随机原则抽取样本单位的一种抽样组织形式。例如，在职工家庭生活调查中，将职工按部门分为工业、建筑业、商业、文教等部门职工，再从各部门中具体抽选样本单位。

类型抽样通过分组，把总体中标志值比较接近的单位归为一组，使各单位的分布比较均匀，并且保证每组有同等被抽选的机会，从而使样本的结构趋近于总体的结构，提高所选样本的代表性，以取得抽样效果。

(2)类型抽样的方法

类型抽样的样本单位数在各类型之间的分配有以下两种方法:

①不等比例类型抽样法。它是不按照类型的大小等比例分配样本单位的方法。各类型的样本单位数可以平均分配，或按各类型组标志变异程度确定应抽的单位数。标志变异程度大的组多抽一些单位;标志变异程度小的组就少抽一些。这样，各组的抽样比例是不相等的。

②等比例类型抽样法。它是按照类型的大小等比例分配样本单位的方法。由于分类是按有关的主要标志分组的，各组的单位数不同，类型抽样通常是按各组总体单位数的一定比例来抽取样本，单位数较多的组应该多取样，单位数较少的组则少取样，保持各组样本单位数与样本总容量之比等于各组总体单位数与全及总体单位数之比，即:

$$\frac{n_1}{N_1}=\frac{n_2}{N_2}=\cdots\cdots=\frac{n_k}{N_k}\frac{n}{N}$$

所以各组的样本单位数应为:

$$n_i=\frac{nN_i}{N}$$

采用等比例抽样是为了保持样本结构和总体结构形同，避免样本平均数由于各组比重差异而引起的误差。由于等比例类型抽样法对样本单位的分配比较合理，因而在实际工作中应用较多，只有在各类单位数相差悬殊时和各类调查标志的方差相差悬殊时，才可以采用不等比例类型抽样法。

(3)类型抽样的误差计算

类型抽样平均误差公式如表6－3所列：

表6－3

项目	重复抽样	不重复抽样
计算平均数的平均误差公式	$u_{\bar{x}}=\sqrt{\dfrac{\overline{\sigma^2}}{n}}$	$u_{\bar{x}}=\sqrt{\dfrac{\overline{\sigma^2}}{n}(1-\dfrac{n}{N})}$
计算成数的平均误差公式	$u_{\bar{p}}=\sqrt{\dfrac{p(1-p)}{n}}$	$u_{\bar{p}}=\sqrt{\dfrac{p(1-p)}{n}(1-\dfrac{n}{N})}$

其中：$\overline{\sigma^2}=\dfrac{\sum\sigma_i^2n^i}{n}$

式中：$\overline{\sigma^2}$——总体方差；

σ_i^2——第i组总体方差($i=1, 2, \cdots, n$)；

n_i——第i组样本容量。

【例6－3】某乡全部粮食耕地333.3公顷，按平原和山区面积比例抽取样本容量42公顷，计算各组平均公顷产量$\bar{x}_i$和均方差σ_i(见表6－4)。求抽样平均公顷产量、抽样平均误差($\mu_{\bar{x}}$)，并以95%的概率保证对全乡平均公顷产量作区间估计。

表6－4

指标名称	全部面积(公顷)	抽样面积(公顷)	抽样平均公顷产量(公斤)$\bar{x}_i$	公顷产量标准差(公斤)σ_i
平原	266.7	33.6	14400	200
山区	66.6	8.4	11250	400
合计	333.3	42	13770	253

解：样本平均公顷产量为：

$$\bar{x}=\frac{\sum\bar{x}_in_i}{n}=\frac{14400\times33.6+11250\times8.4}{42}=13770(\text{公斤})$$

$$\overline{\sigma^2}=\frac{\sum\sigma_i^2n_i}{n}=\frac{(200)^2\times33.6+(400)^2\times8.4}{42}=64000$$

$$\mu_{\bar{x}}=\sqrt{\frac{\overline{\sigma^2}}{n}}=\sqrt{\frac{64000}{42}}=39.0(\text{公斤})$$

$F(t)=95\%, t=1.96$

$\Delta_{\bar{x}}=t\cdot\mu_{\bar{x}}=1.96\times39.0=76.4(\text{公斤})$

$\bar{x}=13770\pm76.4$

即在95%的概率保证下，推断全乡平均公顷产量在13693.6～13846.4公斤之间，全乡粮食总产量在4564076.9～4615005.1公斤之间。

3. 等距抽样

(1)等距抽样的概念

等距抽样又称为机械抽样或系统抽样。它是先将总体各单位按有关标志或无关标志进行排列，再按照固定的顺序和间隔来抽选样本单位的一种抽样组织形式。

等距抽样是不重复抽样，通常可以保证被抽取的单位在总体中均匀分布，缩小各单位之间的差异程度，提高样本的代表性。

(2)等距抽样的方法

由于排队时所根据的标志不同，有下列两种等距抽样方法：

①无关标志排队法。它是指总体单位采用与调查项目没有关系的标志进行排队的方法。无关标志排队法的具体工作比较简便，所以它是实际工作中常用的一种方法。例如，产品质量检验抽选产品时，常常每隔一定的时间间隔或产量间隔抽取一件产品进行检验。时间间隔和产量间隔对产品质量的好坏来说，都是无关标志。这种抽选方法与简单随机抽样法近似。

②有关标志排队法。它是指总体单位采用与调查项目有关的标志进行排队的方法。例如，农产量抽样调查中按估产的高低排队，农村居民户家庭收支调查按每人平均收入多少排队等等，都是按有关标志排队。排队之后，先根据总体单位数和样本单位数计算出抽选间隔（或称抽选距离），然后按一定的间隔抽选样本单位。其计算方式为：

$$k = \frac{N}{n}$$

式中：k——抽样距离。

如何抽取第一个样本单位呢？如果是按无关标志排队，一般可以从第一个间隔内的人任意一个单位开始抽取；如果是按有关标志排队，考虑到样本单位的代表性，一般是从第一间隔内居中的单位开始抽取。

采用无关标志排队法，能够保证抽取的样本单位在总体中均匀分布，因而可以抽取较少的样本单位而获得较为可靠的代表性，而且调查的组织工作比较方便，因此在实际工作中应用较多。

(3)等距抽样的误差计算

直接计算等距抽样的平均误差比较困难，通常是用简单随机抽样的误差方式来计算按无关标志排队的等距抽样的平均误差；用类型抽样的误差方式来计算按有关标志排队的等距抽样的平均误差。

4. 整群抽样

(1)整群抽样的概念

整群抽样，又称集团抽样，它是先将总体各单位划分成若干群，再以群为单位从中随机抽取出若干群来，对被抽中群的所有单位进行全面调查的一种抽样组织形式。

前面所述的简单随机抽样、类型抽样和等距抽样，都是从全及总体中一个接一个地抽选样本单位，所以对有些不适宜采用单个地抽取样本单位的社会现象，就需要采用整群抽样的方式。此外，整群抽样的组织工作较为简便，确定一群便可以调查许多单位。但是，正是由于抽样单位比较集中，限制了样本单位在总体分配中的均匀性，所以有时代表性较低，抽样误差较大。在实际工作中，采用整群抽样通常都要增加一些样本单位，以缩小抽样误差，提高估计准确性。

(2)整群抽样的方法

在组织整群抽样时，首先对所要研究的全及总体按其需要划分出群的单位；然后把各群按时间顺序或空间顺序排列编号；最后可按简单随机抽样或等距抽样的方法抽取样本群。

(3)整群抽样的误差计算

整群抽样都采用不重复抽样的方法,其计算公式为:

$$\mu_{\bar{x}} = \sqrt{\frac{\delta^2}{r}\left(\frac{R-r}{R-1}\right)}$$

式中R——总体的群数;

r——样本的群数;

δ^2——群间方差,$\delta^2 = \frac{\sum(\bar{x}_i - \bar{x})^2}{R}$或 $\delta^2 = \frac{\sum(\bar{x}_i - \bar{x})}{r}$;

$\bar{x}$——样本平均数,$\bar{x} = \frac{\sum \bar{x}_i}{r}$;

$\bar{x}_i$——第 i 群的样本平均数($i = 1, 2, \cdots, r$)。

【例6-4】某工厂大量连续生产,为了掌握某月份某种产品的一级品率,确定抽出5%的产品,即在全月连续生产720小时中按每隔20小时抽取1小时的全部产品进行检查。根据抽样资料的计算结果,一级品率为85%,各群(组)间的方差为6%。计算整群抽样的平均误差及在95.45%的概率保证下全月一级品率的范围。

解:因为 $R = 720$ 小时,所以

$$r = 720\text{ 小时} \times 5\% = 36\text{ 小时}$$

为了保证多抽取的36小时能在720小时中均匀分配,故每隔20(720÷36=20)小时抽取1小时的全部产品。则:

$$\mu_p = \sqrt{\frac{\delta^2}{r}\left(\frac{R-r}{R-1}\right)} = \sqrt{\frac{0.06}{36}\left(\frac{720-36}{720-1}\right)} = 3.98\%$$

又因 $t = 2, p = 85\%$,所以

$$\triangle_p = t \cdot \mu_p = 2 \times 3.98\% = 7.96\%$$

故 $p = 85\% \pm 7.96\%$

即:在95.45%的概率保证下,全月一级品率的范围在77.04%~92.96%之间。

5. 多阶段抽样

(1)多阶段抽样的概念

多阶段抽样是指在抽样时先抽总体中某种更大范围的单位,再从中选的大单位中抽取较小范围的单位,逐次类推,最后从更小范围单位中抽选样本的基本单位,分阶段完成抽样的组织工作。当总体很大时,抽样调查要直接抽选总体的基本单位在技术上有很大困难,一般都要采用多阶段抽样方法。例如,我国农产量抽样调查,第一阶段是从省抽县,第二阶段是从中选的县抽乡,第三阶段是从中选的乡抽村,再从村抽地块,最后再从地块抽具体的样本点,并以样本点测量、匡算的实际资料来推算平均公顷产量和总产量。又如,我国职工家计调查,第一阶段先抽选调查城市,第二阶段从中选城市的各个部门中抽选调查单位,第三阶段再从调查单位中抽选职工,确定具体的调查户,调查各户每月实际的生活费收支情况。

多阶段抽样的组织工作较复杂,但样本的代表性较高,可节约人力、物力和财力,因而在实际中得到广泛的应用。

(2)多阶段抽样的误差计算

在多阶段抽样中，前几个阶段的抽样都类似整群抽样，最后一个阶段类似类型抽样或等距抽样。每个阶段抽样都会存在抽样误差，因此，多阶段抽样的抽样误差是各阶段抽样误差之和。下面以两阶段抽样为例，说明多阶段抽样误差的计算方法。

以两阶段抽样而论，首先将总体划分为 R 组，每组包含 M_i 个单位。抽样第一阶段从 R 组中随机抽取 r 组，第二阶段再从中选的 r 组中分别从各组 M_i 单位随机抽取 m_i 个单位，构成一个样本。这种抽样就是两阶段抽样。其中：总体单位数 $N = M_1 + M_2 + \cdots + M_R$，各组的单位数 M_i 可以是相等的，也可以是不等的；样本单位数 $n = m_1 + m_2 + \cdots + m_r$，各组抽取的单位数可以是相等的，也可以是不等的。为了简化起见，假定总体 R 组中每组的单位都等于 M，则有 $N = RM$，而且从各组抽取的单位数也相等，都为 m，则有 $n = rm$。

两阶段抽样在组织技术上可以看成是整群抽样和类型抽样的结合，即整群抽样第一阶段从总体的全部组（群）中随机抽取部分的组（群）和类型抽样第二阶段从中选组中抽选部分单位程序的结合。

从总体 R 组中随机抽取 r 组，并从 r 组中 M 个单位抽 m 单位构成样本。样本平均数的计算过程如下：

先计算第 i 组的样本平均数：

$$\bar{x} = \frac{\sum_{j=1}^{m} x_i j}{m} (i = 1, 2 \cdots, r)$$

再计算样本的平均数：

$$\bar{x} \frac{\sum_{i=1}^{r}\sum_{j=1}^{m} x_{ij}}{rm} = \frac{\sum_{i=1}^{m} \bar{x}_i}{r}$$

两阶段抽样的平均误差是由两部分构成的：第一部分是第一阶段从总体全部组抽部分组所引起的组间误差；第二部分是由第二阶段在中选的组中抽部分单位所引起的组内平均误差。在总体 R 组中抽取 r 组，又在 r 组中每组 M 个单位抽取 m 单位的情况下，样本平均方差（$\mu_{\bar{x}}^2$）应等于组平均数组间方差的 $1/r$ 以及各组内方差平均数的 $1/rm$ 两项之和。再考虑阶段抽样是不重置抽样，各项还必须乘以各自的修正系数，所以样本平均数的抽样平均误差为：

$$\mu_{\bar{x}} = \sqrt{\frac{\delta^2}{r}\left(\frac{R-r}{R-1}\right) + \frac{\overline{\delta^2}}{rm}\left(\frac{M-m}{M-1}\right)}$$

式中：$\delta^2 = \frac{\sum_{i=1}^{r}(\bar{x}_i - \bar{x})}{R}$——组（群）平均数的组（群）间方差；

$\overline{\delta^2} = \frac{\sum_{i=1}^{r}\sigma_i^2}{R}$——各组（群）内方差的平均数。

应用以上公式，在得不到总体资料的情况下，可以用样本资料来代替。

统计窗口

某地为加强环境保护，加强水质监测，考察河水中某种污染物质是否超标。显然对河水全部检验是不可能的，只能从河水中按照一定地点定时取样检验，根据检验结果推断河水中污染物是否超标。

思考题:

1. 什么是抽样误差?
2. 影响抽样误差的因素有哪些?
3. 试述随机抽样的概念和特点。
4. 试述抽样推断的定义和作用。

参考阅读材料:

1. 统计学,[美]*David Freedman* 等著,中国统计出版社,1998
2.《统计学概论》,卞毓宁 ,教育部高职高专“十五”规划教材
3.《统计学基础》,于声涛,科学出版社,财经类“十一五”规划教材
4.《应用统计学》,陶靖轩,中国计量出版社,高等学校适用教材
5.《统计学入门》,钱伯海,四川人民出版社,1992.6,高等学校财经类专业核心课程教材

案例讨论:

Metropolitan Research 有限公司是一家消费者研究组织,它设计调查,对消费者所使用的大量的产品和服务进行评估。在某一项研究中,*Metropolitan* 调查消费者对底特律某一个主要制造商所生产的汽车的性能的满意程度。分发给该制造商所生产的一种最大型号小汽车用户的调查表表明,许多人抱怨该车刚开始传动系统不佳。为了更好地了解传动系统的问题,*Metropolitan* 采用由底特律地区一个修理企业所提供的实际传动系统的维修记录为样本。下表数据是 50 辆汽车传动系统出现故障时所行驶的实际里程的数据:

85092	32609	59465	77437	32534	64090	32464	59902	39323	89641
94219	116803	92857	63436	65605	85861	64342	61978	67998	59817
101769	95774	121352	69568	74376	66998	40001	72069	25066	77098
69922	35662	74425	67202	118444	53500	79294	64544	86813	116269
37831	89341	73341	85288	138114	53402	85586	82256	77539	88798

讨论题:

1. 请描述统计量汇总传动系统数据。
2. 求曾经出现过传动系统问题的汽车总体中在出现传动系统问题时所行驶里程的均值的 95% 置信区间,并对该区间估计做出管理上的解释。
3. 按照一些汽车用户曾经历过的早期传动系统失灵的说法,你的统计结果说明了什么?
4. 如果研究公司想在 5000 英里的允许误差下,估计出现传动系统问题时所行驶里程的均值,则置信度为 95% 时应选取多大的样本容量?

第 7 章　相关分析与回归分析

● 主要内容

1. 相关分析的意义
2. 相关分析的种类
3. 相关关系的特点
4. 回归分析的概念与特点
5. 应用回归分析应注意的若干问题

◇ 引导案例：

1947 年，宝丽来公司创始人埃德文·兰德博士(*Dr Edwin Land*)宣布，他们在研究即时显像的技术方面迈出了新的一步，这使得一分钟成像成为可能。紧接着，公司开始拓展用于大众摄影的业务。宝丽来的第一台相机和第一卷胶卷诞生于 1949 年。在那之后，它们不断地在化学、光学和电子学方而进行试验和发展，以生产具有更高品质、更高可靠性和更为便利的摄影系统。

宝丽来公司的另一项主要业务是为技术和工业提供产品，目前，它正致力于使即时显像技术在现代可视的通信环境下，成为日益增长的成像系统中的关键部分。为此，宝丽来公司推出了多种可进行即时显像的产品. 以供专业摄影、工业、科学和医学之用。除此之外. 公司还在磁学，太阳镜、工业偏振镜、化工、传统涂料和全息摄影的研制和生产力方面有自己的业务。

用于衡量摄影材料感光度的测光计，可以提供许多有关于胶片特性的信息，比如它的曝光时间范围。在宝丽来中心感光实验室中，科学家们把即时显像胶片置于一定的温度和湿度下，使之近似于消费者购买后的保存条件，然后再对其进行系统地抽样检验和分析。他们选择专业彩色摄影胶卷，抽取了分别已保存 1 ~13 个月不等的胶卷，以便研究它们保存时间和感光速率之间的联系。数据显示，感光速率随保存时间的延长而下降，它们之间相应变动的关系可用一条直线或线性关系近似表示出。

运用回归分析,宝丽来公司建立起一个方程式，它能反映出胶卷保存时间长短对感光速率的影响。

$Y = -19.8 - 7.6x$

式中 y ——胶卷感光率的变动；

x ——胶卷保存时间（月）。

从这一方程式可以看出，胶卷的感光速率平均每月下降 7.6 个单位。通过此分析得到的信息，有助于宝丽来公司把消费者的购买和使用结合起来考虑，调整生产，提供顾客需要的胶卷。

§7.1 相关的意义和种类

社会经济现象是在相互联系和相互制约中存在与发展的。辩证唯物主义和历史唯物主义揭示了社会经济现象之间的相互依存和相互制约关系。任何社会经济现象的存在和运动，都置身于众多的社会经济现象的群体中，离开周围的现象和条件而孤立存在的现象是没有的。社会经济现象的相互联系、相互依存、相互制约，构筑了错综复杂、五彩缤纷的客观世界，形成了大千世界的运动。

对社会经济现象之间的依存关系和制约关系的了解和研究，是人们认识和改造客观世界的极其重要的步骤和手段之一。客观的社会经济现象相互间的联系和制约关系，通常都能用数量关系适当加以表现。所谓相互关系，从广义而言，乃是社会经济现象普遍存在的依存联系和制约关系，即客观现象之间互相关联的某种形式。在社会生活中，消费量和物价就存在着制约关系，物价的升降会影响居民消费量的减少与增加。在社会产品生产过程中，社会对物质产品的需求量制约其生产量；物质产品的生产量增大，需要的人力、设备以及花费的费用也相应增多；工业产品的质量问题和生产劳动者的技术水平、劳动熟练程度有直接关系，与技术设备和生产工具的质量及装备程度有紧密联系。反映和说明社会经济现象之间的这种相互关系的数量关系，就是相互分析的内容。

§7.1.1 相关关系的意义

1. 相关关系的类型

社会经济现象总体数量上所存在的依存关系有两种不同的类型，一种是函数关系，一种是相关关系。

(1) 函数关系

函数关系，又称确定性的关系。它表明某一变量的数值大小完全决定于另外一个或数个变量数值的大小。例如，正方形面积的大小变动，完全取决于正方形的边长的长短变化，及正方形面积(S)与边长(a)的平方成正比：$S=a^2$。这里，对于 a 的每一个确定值，必然有 S 的一个确定值与之对应。在生产经营活动中，销售收入的多少决定于销售量的大小与销售价格的高低，即：销售收入 = 销售量 × 销售价格。假定销售量不变，那么销售价格的升降就将完全左右销售收入的增减。又如，某种原材料费用的多少受到消耗此种原材料的产品产量、单位产品原材料消耗量和原材料价格等变动的影响。这些现象之间的确定性的关系，称为函数关系，一般表述为：$y=f(x)$。

(2) 因果关系

它说明某一现象或事物的存在和发展，是另一现象或事物存在与发展的原因。换言之，现象之间形成的相关关系的变量，有的是原因，有的是结果，显示出事物之间的因果数量关系。在有因果关系的诸变量中，有单向因果关系和双向因果关系两种表现。单向因果关系是“因”影响“果”，而“果”影响不了“因”。例如，劳动生产率和产量之间的因果关系中，劳动生产率的高低是导致产量高低的原因，产量的高低是劳动生产率高低的结果。在这里，劳动生产率永远是“原因”，而产量永远是“结果”，它们之间不存在互为因果的关系。双向因果关系是“因”与“果”互为影响，即“因”在某种状况下会处于“果”的位置，而“果”相应会成为“因”。例如，商品销售量及其销售价格在一定情况下就是一对双向因果关系的变量。当商品价格暴涨或跌价时，商品销售量会呈现萎缩或膨胀，反之，亦然。

(3)关联关系

它是现象之间存在着的某种密切关系，而不是函数关系或因果关系。就其本质联系考察，关联关系有同因异果与异因同果的区别。同因异果，一般是由于另外存在着的某个原因引起各变量的不同结果。例如，兄妹都比较高，这起于同一原因，即父母亲的身材比较高。异因同果，一般是多种原因导致同一结果。例如，土地公顷产量会受到土质、肥料、水、气候和管理等几个方面的影响等。

上述三种类型，从严格意义上说，后两种是相互关系的具体内容。统计研究的相关关系，指的是变量之间确实存在的且关系数值固定的互相依存关系。当然，相互关系与函数关系是有区别而又存在着联系的。

2. 相关关系的特点

相关关系的含义，是社会现象之间客观存在的在数量上不确定的相互依存关系。相关关系的特点主要有以下两点：

(1)相关关系是客观现象之间确实存在着的数量的相互依存关系。在现实生活中，身材高的人，体重就会重些；商品零售价格下降，往往销售量就会增加；能源生产发展速度快，会使工业生产的发展速度也快等等。

在具有相互依存关系的一对变量中，作为根据的变量称为自变量(x)，引起相应变化的变量称为因变量(y)。例如，身高、零售价格和能源生产发展就是自变量，体重、销售量和工业生产发展，则为因变量。

(2)现象之间数量依存关系的具体关系值不是固定的。在工业生产活动中，工业产品的单位成本和人工费之间存在着相互制约关系，人工费的增减会使单位成本或升或降，但两者之间的关系值却是不固定的，加之单位成本的升降还会受到材料费、折旧费和其它费用变化的影响。

值得注意的是，作为研究客体的社会现象及事物之间的关系，在任何情况下，应该是真实的、具有内在机制的关系，而绝非臆造的仅是形式上的偶然巧合。

相关关系是不完全确定的随机关系。在相关关系的情况下，因素标志的每个数值，都可能有若干结果标志的数值。所以，相关关系是一种不完全依存关系。函数关系与相关关系的联系表现在，对具有相关关系的现象进行分析时，必须利用相应的函数关系数学表达式，来表明现象之间的相关方程式。相关关系是相关分析的研究对象，函数关系是相关分析的工具。相关的种类按相关的程度分为完全相关、不完全相关和不相关。两种依存关系的标志，其中一个标志的数量变化是由另一个标志的数量变化所确定的，则称这两个标志的关系为完全相关。在这种情况下相关关系即成为函数关系，可以用一定的方程式来准确地表示。

§7.1.2 相关关系的种类

客观现象之间的相互关系是错综复杂的，表现出多种具体形式，因此，按照研究方法的不同，可以从几个方面对相关关系进行分类。

1. 按照相关关系涉及因素的多少分为一元相关和多元相关

一元相关即单相关，相关关系只涉及两个因素的依存关系，一个是自变量，令一个是因变量。多元相关也称复相关，是多个因素之间的复杂依存关系，即一个因变量和两个及其以上自变量的相关关系。例如，研究原材料总费用与产量、单位产品原材料消耗量及原材料单价的相关关系。

2. 按照相关关系的方向分为正相关和负相关

按相关的方向分为正相关和负相关。如果相关关系表现为因素标志和结果标志的数量变动方向一致，就称为正相关，例如工人的劳动生产率随着他们技术水平的提高而提高。如果相互关系表现为因素标志和结果标志的数量变动方向是相反的，那就是现象之间存在负相关。例如商品流转额愈大，而流通费用率则愈低。必须指出，许多现象正负相关的关系仅在一定范围内存在。例如，施肥量在一定的限度内影响收成的提高，称为正相关;但如果施放的肥料超过一定限度，收成反而会下降，这就是负相关。

3. 按相关的形式分为线性相关和非线性相关。

对于两个具有相关关系的变量绘出其散点图，如果现象相关点的分布表现为直线的形式，则这两个变量就称为线性相关;如果现象相关点的分布并不表现为直线的形式，而近似某种曲线方程的关系，则这种关系称为非线性相关。例如，施肥量在一定数量界限内，与公顷产量的相关关系表现为线性相关;但超过一定数量界限，公顷产量会呈现下降或减少，即非线性相关。

4. 按照相关的程度分为完全相关、不完全相关和不相关

完全相关是一个变量的值完全由另一个或另一组变量的值所决定。不完全相关是一个变量的值与另一个或一组变量的值有关，但受随机因素的影响。不相关是一个变量的值与另一个变量或一组变量的值没有关系，彼此独立。

§7.1.3 相关关系及其表现形态

1. 相关分析的主要内容

对现象之间变量关系的研究，统计是从两方面进行的:一方面是研究变量之间关系的紧密程度，并用相关系数或指数来表示，这种研究称为相关分析。另一方面是关于自变量和因变量之间的数量变动关系，并用数学方程表达之，在统计上称为回归分析。相关——回归分析的目的是对相关的密切程度和变化的规律性在数量上加以表现，进而得出各种推算和预测。相关与回归分析的主要内容如下：

(1)确定现象之间有无关系及相关关系的表现形式。

①根据对客观现象的定性认识。

②用列相关表、画相关图或数学解释进行判断。

(2)确定相关关系的密切程度。

(3)关系不密切，就不必重视它，不必花费大量的精力研究它。

(4)对具有比较密切相关的变量进行回归分析，以测定变量之间数量变化上的一般关系。

(5)确定因变量估计值的误差程度，计算估计标准差。

2. 相关关系的表现形态

(1)按相关的程度可分为完全相关、不完全相关和不相关。

(2)按相关的方向可分为正相关和负相关。

3. 按相关的形式可分为线性相关和非线性相关。

4. 按所研究的变量多少可分为单相关、复相关和偏相关。

各类相关关系的表现形态如图 7－1 所示：

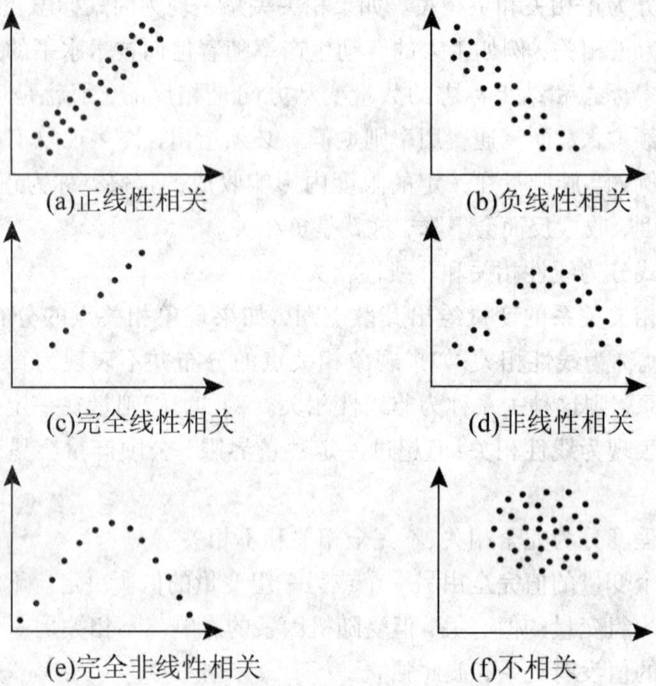

图 7－1

§7. 1. 4　相关关系的测定

1. 相关表和相关图

进行相关分析必须具备若干个自变量与因变量的对应的实际(观察)资料，作为相关分析的原始数据，一般来讲，资料越多越全面，越有利于分析和研究。

(1)简单相关表和相关图

进行相关分析，先要将原始统计资料进行整理。根据总体单位的原始资料，将其中一个变量的数值按一定的顺序排列，同时列出与之对应的其它变量的变量值，这样形成的表格称为相关表(表 7－1)。

相关图也称散点图，是根据原始数据，在直角坐标中绘制出两个变量相对应的观察值的所有点，从这些点的分布情况观察分析两个变量间的关系，这个图称为相关图。

表7-1 某种棉纱产量与单位成本之间的关系

月份	产量(吨)	单位成本(千元/吨)
1	97	7.2
2	100	7
3	103	6.9
4	109	6.7
5	110	6.5
6	115	6.5
7	108	7.2
8	106	7.2
9	114	6.8
10	118	6.8

从上述相关表可以看出，随着棉纱产量的增加，其单位成本有减少的趋势。

相关图表明相关点分布状况，如将上表的资料画在一个坐标系中，以 x 轴代表产量，y 轴代表单位成本，各点的分布状况如图，即散点图(相关图)。如下图7-2所示。

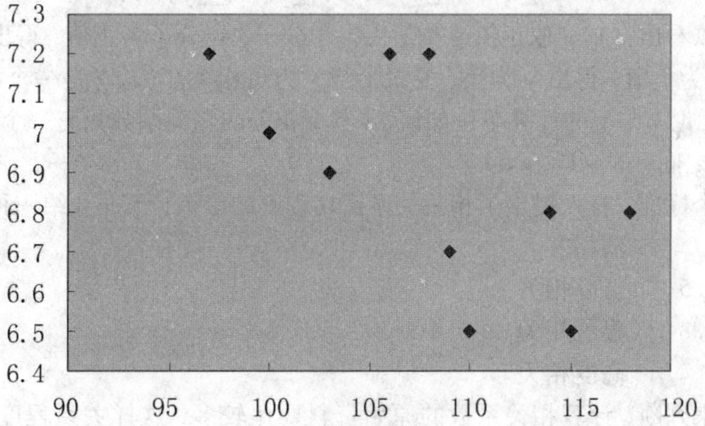

图7-2

从图7-2中10个点的分布情况看，产量越大单位成本越低，点的分布接近一直条线，该直线是从左上角至右下角，即变量之间呈负相关。另外，从图中还可以看出，各点是比较密集的，说明这两个变量之间的相关关系是比较密切的。

(2)分组相关表和相关图

当相关资料包括的对应数值很多时，直接根据两变量各原始值编制相关表、绘制相关图进而计算各相关指标，工作量很大，且相关表会很长，也不方便，相关图也不好绘制，在这种情况下，可编制分组相关表或绘制分组相关图。

分组相关表就是将原始资料进行分组而编制的相关表。根据分组的情况不同，分组表有两种:一是单变量分组表，一是双变量分组表。

2. 直线相关分析的特点

(1)两个变量是对等关系。

(2)直线相关分析中，只能计算出一个相关系数，相关系数的绝对值在0与1之间，其值大小反映两变量间相关的密切程度。

(3)相关系数有正、负之分。

(4)相关系数计算的资料要求是:相关的两个变量必须是随机的，这也是对等关系的反映。

3. 相关系数的测定和应用

通过编制相关表和绘制相关图对现象之间的关系做了初步的了解，关系的密切程度如何，还需计算相关系数。相关系数是说明两个变量之间有无直线相关关系及相关关系密切程度的统计指标。相关系数计算方法有多种，如积差法、等级相关系数，另外还可根据回归方程方差分析来测定相关系数，这里主要介绍积差法和等级相关系数两种方法。

(1)用积差法测定相关系数

其计算公式为：

$$\gamma=\frac{\sum(x-\bar{x})(y-\bar{y})}{\sum(x-\bar{x})^2\sum(y-\bar{y})^2}$$

据此推导得到以下公式：

$$\gamma=\frac{\sum xy-\sum x\sum y\div n}{\sqrt{\sum x^2-(\sum x)^2\div n}\sqrt{\sum y^2-(\sum y)^2\div n}}$$

从公式中可以看出:(1)γ 取正值或负值决定于分子，当分子为正值，得出 γ 为正，x 与 y 是正相关;当分子为负值，得出 γ 为负，变量 x 与 y 为负相关。(2)γ 是一个相对数，不受计量单位的影响，无论 x 与 y 的计算单位如何，x 与 y 相关的相关系数只有一个。γ 数值有个范围，在 +1 和 −1 之间，即 $-1\leqslant\gamma\leqslant1$。

为判断时有个标准，有人提出了相关关系密切程度的等级，下面介绍一种四级划分法：

$\vert\gamma\vert<0.3$	弱相关
$0.3\leqslant\vert\gamma\vert<0.5$	低度相关
$0.5\leqslant\vert\gamma\vert<0.8$	显著相关
$0.8\leqslant\vert\gamma\vert<1$	高度相关

按以上标准来判断，计算相关系数的原始资料要比较多，这样关系程度是可以相信的，否则相信的程度会降低，即判断相关关系的起点值要高。

(2)等级相关系数

等级相关也是一种直线相关分析法。这种方法是以变量的等级作为基础计算相关系数的方法。其计算公式如下：

$$R=1-\frac{6\sum d^2}{n(n^2-1)}$$

式中:R 为等级相关系数；

n 为样本容量；

d 为两个变量的等级差数；

等级相关系数 R 与相关系数 γ 作用或者说意义相同。

§7.2 线性回归模型——一元线性回归

§7.2.1 回归分析的概念和特点

1. 回归分析的概念

相关系数是说明在直线相关条件下两个现象相关的方向和相关的紧密程度，这只是研究相关问题的一个方面，它不能指出两变量相互关系的具体形式，也无法进行数量上的推算。相关分析的另一面，就是要研究变量之间数量变化的一般关系，通常把测定现象之间数量变化上的一般关系所使用的数学方法总称为回归分析法，回归分析能够解决相关系数不能解决的问题。

相关关系是变量之间数量关系不严格、不固定的相互依存关系，要找出这种关系数量变化的一般关系值或者平均值，也就是找出这种关系数量变化的一般规则，其方法是配合相应的直线或曲线，这条直线称回归直线方程，曲线称为回归曲线。其中两个变量之间的回归称简单回归，三个变量之间的回归称复回归。由于简单回归分析中的简单直线回归是最基本最常用的分析方法，故本节主要以简单直线回归为主介绍回归分析法。

2. 回归分析的特点

(1)两变量中，一个是自变量，一个是因变量。

(2)回归方程不是抽象的数学模型，而是用自变量数值推算因变量数值的根据，必须反映变量之间关系的一般变动情况。

(3)对于没有明显因果关系的两个变量，可以确定两个不能互相替代的回归方程，一是以 x 为自变量，以 y 为因变量的回归直线方程；另一是以 x 为因变量，以 y 为自变量的回归直线方程，这两条回归直线方程斜率不同，意义不同。需要注意的是，一个回归方程只能做出一种推算，即只能根据自变量的取值推算因变量的可能值，不能反过来由因变量推算自变量，尽管在数学形式上这样计算是可能的，但在实际意义上却是不允许的。

(4)直线回归方程系数即斜率有正有负，正回归系数表明两变量之间是正相关，负回归系数表明两变量之间是负相关，至于回归系数数值的大小，视原数列使用的计算单位而定，这不能表明两个变量之间的变动程度。

(5)计算回归方程的资料要求是，因变量为随机的，而自变量是给定的数值，求出回归方程后，也是给定自变量值，代入方程中，推算出因变量的一般值或平均数值。

以上为回归分析的特点，下面来分析回归分析与相关分析的区别与联系。

⑴区别主要表现在：

①相关关系是用来度量变量与变量之间关系的紧密程度的一种方法，在本质上只是对客观存在的关系的测度。回归分析是根据所拟合的回归方程研究自变量与因变量一般关系值的方法，可由已给定的自变量数值来推算因变量的数值，它具有推理的性质。

②在研究相关关系时，不需要确定哪个是自变量，哪个是因变量，但回归分析的首要问题就是确定哪个是自变量，哪个是因变量。

③现象之间的相关关系的研究，只能计算一个相关系数；而回归分析时回归系数可能

有两个，也就是两现象互为因果关系时，可以确定两个独立回归方程，从而就有两个不同的回归系数。

(2)联系表现为：

两者是相辅相成的，由相关分析法测定的变量之间相关的密切程度，对是否有必要进行回归分析以及进行回归分析意义的大小起着决定的作用，相关程度大，进行回归分析的意义也大；相关程度小，进行回归分析的意义就小，甚至没有必要进行回归分析。同时，相关系数还是检验回归系数的标准，回归分析的结果也可以推算相关系数。因此，相关分析与回归分析是相互补充,密切联系的，相关分析需要回归分析来表明现象数量关系的具体形式，而回归分析则应建立在相关分析的基础上。

§7.2.2　一元线性回归直线的拟合

1. 简单直线回归方程的建立和求解

两个变量的相关关系最简单的形式就是直线相关，其直线方程称为一元一次方程。即：

$$y = a + bx$$

式中，y 为因变量，x 为自变量，a 与 b 是特定参数。a 为直线的截距，b 为直线斜率，又称回归系数。参数 a、b 的确定方法有随手画法、最小平方法，统计中使用最多的是最小平方法，用这种方程求出的回归直线方程是原资料的最适合的方程，也就是这条直线是代表 x 与 y 之间关系最优的一条直线。

若用(x, y)表求几对观察值，y_c 为估计值，则拟合的回归直线方程的形式为：

$$y_c = a + bx$$

用最小平方法求回归直线，就是要使观察值 y 与估计值 y_c 的离差平方和最小，即直线的误差平方和最小，也就是 Q 需要取最小值，来确定参数 a 和 b。即：

$$Q = \sum(y - a - bx)^2 = 最小值$$

得到

$$b = \frac{n\sum xy - \sum x\sum y}{n\sum x^2 - (\sum x)^2}$$

$$a = \bar{y} - b\bar{x}$$

解出参数 a、b，并代入回归直线方程，得到一个确定的回归直线方程。该回归直线方程的意义是，自变量每增加 1 个单位，因变量平均变动 b 个单位。

回归直线的特征：

①回归直线是一条平均线。

②观察值与回归值之差的平方和最小，即$\sum(y - y_c)^2$ 取最小值。

③观察值 y 与回归值 y_c 之差的和为零，即$\sum(y - yc) = 0$

④回归直线 $y_c = a + bx$ 必定经过 x 与 y 的交点,即点(x, y) $y = a + bx$。

⑤回归直线的走向由 b 决定。

当 $b > 0$，直线走向是由左下角至右上角，两变量为线性正相关；

当 $b < 0$，直线走向是由左上角至右下角，两变量为线性负相关；

当 $b = 0$，直线平行于 x 轴，说明 x 与 y 之间无线性相关关系。

不难看出，直线回归方程中的回归系数与相关系数的符号是一致的，它们都能判断两变量线性相关的方向，但相关的密切程度则只能由相关系数值判断。同时，还可根据回归系数计算相关系数相关系数。

2. 估计标准差

在建立了回归方程后，就可以利用回归方程进行预测。要进行预测，就需首先测定回归估计值的可靠性，计算估计标准差(s)，即观察值与估计值之间的标准差。根据回归直线方程，当给定某一特定值(x)，就可以推算出 y 的数值 $y_c = a + bx$，但是 y_c 的数值并不就是特定 x 值所对应的实际值 y，因为 x 与 y 并不存在函数关系，估计值 y_c 是实际值 y 之间的平均值，实际值 y 与 y_c 之间的上下波动。估计值与对应的观察值 y 之间的离差称为估计误差，这种误差的大小反映回归估计的准确程度，也就是说明回归直线方程代表性的大小，为了说明估计误差，需要从变差的分析开始。

(1)离平方和的分解

在直线回归中，观察值 y 的取值大小是上下波动的，但这种波动总是围绕其均值而在一定范围内，统计上将 y 取值的这种波动现象称为变差，这种变差的产生是由两方面原因引起的：

①受自变量变动的影响。②其他因素(随即因素)的影响。

为了分析这两个方面的影响，需要对总的变差进行分解。

$$\sum(y-\bar{y})^2=\sum(y-y_c)^2+\sum(y_c-\bar{y})^2$$

总平方和(总变差)=剩余平方和(剩余变差)+回归平方和(回归变差)

(2)估计标准差的计算

回归标准差是观察值 y 对估计值 y_c 的平均离差，就直线回归来说，这个离差值愈小，则所有观察点愈靠近回归直线即关系愈密切；而当离差的值愈大，则所有观察点离回归直线愈远，即愈不密切。可见这个指标是从另一侧面反映关系的密切程度的。

剩余标准差是以回归直线为中心反映各观察值与估计值平均数之间离差程度的大小，从另一方面看，也就是反映着估计值平均数 y_c 的代表性的可靠程度，通常剩余变差也称为估计标准误差。

①离差法。根据因变量实际值和估计值的离差计算估计标准误差的方法，称之为离差计算法。其计算公式为：

$$S_{yx}=\sqrt{\frac{\sum(y-y_c)^2}{n-2}}$$

式中，$n-2$ 是自由度。因为在公式 $\sum(y-y_c)^2=\sum(y-a-bx)^2$ 中，参数 a,b 是由实际资料计算出的，所以就丧失了两个自由度。公式中的 S_{yx} 是估计标准误差，其下标 yx 表示 y 依 x 而回归的方程。y 是因变量实际值，y_c 是根据回归方程推算出来的因变量估计值。估计标准误差还有另一种表示：S_{xy}，其下标 xy 表示 x 依 y 而回归的方程。因为同一现象会存在着两条回归直线，两个变量互为因果，所以能计算两个估计标准误差。

由于实际运用时变量值资料相当多，所以计算公式中自由度的考虑就不一定太迫切和要紧，因而估计标准误差的公式可写成：

$$S_{yx}=\sqrt{\frac{\sum(y-y_c)^2}{n}}$$

或
$$S_{xy}=\sqrt{\frac{\sum(x-x_c)^2}{n}}$$

【例7-1】根据表7-2的资料，计算估计标准误差。先编制一张计算表(表7-3)，计算表前两栏是原始资料，y_c栏是依据直线回归方程 $y_c=-0.5+0.5x$ 推算出来的因变量的估计值。

表7-2

工号	工龄(年)×	劳动生产率(件/时)y	x^2	xy	y_c
1	8	3	64	24	3.5
2	9	5	81	45	4.0
3	10	4	100	40	4.5
4	13	6	169	78	6.0
5	15	7	225	105	7.0
合计	55	25	639	292	25.0

解:先编制一张计算表(表7-3)。

表7-3　**估计标准差计算表**

工人序号	工龄(年)x	劳动生产率(件/时)y	x_c	$y-y_c$	$(y-y_c)^2$
1	8	3	3.5	-0.5	0.25
2	9	5	4.0	1.0	1.00
3	10	4	4.5	-0.5	0.25
4	13	6	6.0	0	0
5	15	7	7.0	0	0
合计	–	25	25.0	–	1.50

因此
$$S_{yx}=\sqrt{\frac{\sum(y-y_c)^2}{n-2}}=\sqrt{\frac{1.50}{5-2}}=0.707(\text{件})$$

或
$$S_{yx}=\sqrt{\frac{\sum(y-y_c)^2}{n}}=\sqrt{\frac{1.50}{5}}=0.548(\text{件})$$

上述的两个计算结果存在着出入。若变量值相当多时，这种出入就会小到最低限度，所以，用不着顾及自由度，径直根据 n 项计算即可满足其要求。

②参数法

利用参数 a,b 的已知值，可以计算出标准误差，此方法称为参数法。其计算公式为：

$$S_{yx}=\sqrt{\frac{\sum y^2-a\sum y-b\sum xy}{n-2}}$$

或
$$S_{yx}=\sqrt{\frac{\sum y^2-a\sum y-b\sum xy}{n}}$$

仍以表7-2的资料进行计算，先编制一张计算表(表7-4)。

已知参数 $a=-0.5, b=0.5$，则

$$S_{yx}=\sqrt{\frac{\sum y^2-a\sum y-b\sum xy}{n-2}}=\sqrt{\frac{135-(-0.5)\times25-0.5\times292}{5-2}}=0.707(\text{件})$$

若不考虑自由度，其结果为：

$$S_{yx}=\sqrt{\frac{\sum y^2-a\sum y-b\sum xy}{n}}=\sqrt{\frac{135-(-0.5)\times25-0.5\times292}{5}}=0.548(\text{件})$$

表7-4 **估计标准误差计算表**

序号	工龄(年) x	劳动生产率(件/时) y	y^2	xy
1	8	3	9	24
2	9	5	25	45
3	10	4	16	40
4	13	6	36	78
5	15	7	49	105
合计	-	25	135	292

(3)估计标准误差和相关系数的关系

估计标准误差和相关系数存在着紧密的关系。当 S_{yx} 值渐小时，则 r 值渐大。S_{yx} 越小，说明各相关点离回归直线越近，相应的 r 就越接近于 ±1，说明相关关系很密切。若 $S_{yx}=0$，r 值就是 ±1，此时为完全相关。当 S_{yx} 值越大，则 r 值越大，从图像上看到，相关点离回归直线就远些。若 $S_{yx}=\sigma_y$ 时，表明回归直线和因变量(y)数列的平均线相重合，变量 x 与变量 y 就不相关了。

估计标准误差和相关系数的关系用数字模型表示为：

$$S_{yx}=\sigma_y\sqrt{1-r^2}$$

$$r=\sqrt{\frac{\sigma_y^2-S_{yx}^2}{\sigma_y^2}}=\sqrt{1-\frac{S_{yx}^2}{\sigma_y^2}}$$

若用 S_{yx} 与 σ_y 求相关系数，与前述积差法直接求相关系数会得到相同结果，所不同的只是这种计算结果难以确定相关的性质，一定要借助回归方程式中 x 的系数的正负号来判断。

【例7-2】利用表7-2的资料进行示范，先编制计算表(见表7-5)。

表7-5

序号	工龄(年) x	劳动生产率(件/时) y	$y-\bar{y}$	$(y-\bar{y})^2$
1	8	3	-2	4
2	9	5	0	0
3	10	4	-1	1
4	13	6	1	1
5	15	7	2	4
合计	-	25	-	10

计算出：$\bar{y}=5$ 件；$\sigma_y=1.414$ 件；$S_{xy}=0.548$。

因此

$$S_{xy}=\sigma_y\sqrt{1-r^2}$$

$$(0.548)^2=(1.414)^2(1-r^2)$$

$$r^2=0.85$$

$$r=0.92$$

§7.2.3 应用回归分析应注意的若干问题

1. 应用回归分析应注意的若干问题

用回归方程分析变量之间的变动关系，是一种科学的方法，在计算和应用时，应注意如下几点：

(1) 正确应用回归分析的前提条件是要先对现象进行定性分析。在定性分析时，要确定变量之间有无真正的联系？是表面上的还是内在的联系？是偶然的巧合，还是必然的联系？哪个是自变量？哪上是因变量？这些问题是回归分析的基础。要搞好定性分析，必须熟悉所研究的问题，有足够的理论知识、专业知识和实践经验。

(2) 在定性分析的基础上进行定量分析，是保证正确运用回归分析的必要条件。

(3) 回归系数只说明自变量与因变量变动的比例关系，不表示变动的密切程度。回归系数的大小取决于变量计算单位的大小，在回归分析中，要选择适当的计算单位，并联系计算单位研究回归系数。

(4) 应用回归分析方法进行推算或预测时要注意条件的变化。

(5) 注意社会经济现象的复杂性。

(6) 在进行回归分析时，最好要与相关分析、估计标准误差同时使用。

2. 回归分析回归分析的意义

回归分析是研究两个变量或更多变量之间因果关系的统计方法。其基本思想是，在相关分析的基础上，对具有相关关系的两个或两个以上变量之间数量变化的一般关系进行测定，确立一个相应的数学表达式，以便从一个已知量来推断另一个未知量。回归分析为预测提供了一个重要的方法。

3. 相关与回归的联系和区别

相关分析和回归分析有着密切的联系。一方面，相关分析是回归分析的基础和前提。相关系数能确定变量之间相关方向和相关的密切程度，对具有密切相关关系的变量进行回归分析才是有意义的；另一方面，回归分析是相关分析的深入和继续，相关分析不能指出变量之间相互关系的具体形式，也无法以一个变量的变化来推测另一个变量的变化情况，只有进行回归分析，才能建立变量之间的一般关系式，并对未来作出预测。只有这样，相关分析才有意义。

回归分析和相关分析的区别是：相关分析研究的变量是对等的关系；回归分析所研究的变量不是对等的关系，必须根据研究的目的，先确定自变量和因变量，然后才能进行回归分析。在相关分析中，改变变量的位置并不影响相关系数的数值；而在回归分析中，改变变量的位置，则有不同意义的回归模型。相关分析和回归分析对资料的要求也不同。在相关分析中，其中一个变量是随机的，另一个或多个变量可以是随机的，也可以是非随机的；在回归分析中，自变量是给定的，因变量是随机的。

思考题：

1. 相关分析的意义是什么？
2. 相关分析的种类有哪些？
3. 相关关系的特点是什么？
4. 回归分析的概念与特点是什么？
5. 应用回归分析应注意的若干问题有哪些？

参考阅读材料：

1. 统计学，[美]*David Freedman* 等著，中国统计出版社，1998
2. 李洁明、祁新娥著，《统计学原理》，复旦大学出版社，2002
3. 袁卫等编著，《统计学》，中国统计出版社，2004
4. 社会经济统计学原理——基本理论与方法入门，周恒彤主编，中国统计出版社，2000

案例分析：

表7－6是16支公益股票某年的每股账面价值和当年红利：

表7－6

公司序号	账面价值(元)	红利(元)	公司序号	账面价值(元)	红利(元)
1	22.44	2.4	9	12.14	0.80
2	20.89	2.98	10	23.31	1.94
3	22.09	2.06	11	16.23	3.00
4	14.48	1.09	12	0.56	0.28
5	20.73	1.96	13	0.84	0.84
6	19.25	1.55	14	18.05	1.80
7	20.37	2.16	15	12.45	1.21
8	26.43	1.60	16	11.33	1.07

根据上表资料：

(1)建立每股账面价值和当年红利的回归方程；

(2)解释回归系数的经济意义；

(3)若序号为6的公司的股票每股账面价值增加1元，估计当年红利可能为多少？

第 8 章　时间数列

● 主要内容

1. 时间数列的概念和意义
2. 时间数列的种类
3. 时间数列的编制原则
4. 时间数列的发展水平
5. 平均发展速度的发展意义

◇ 引导案例：

时间序列的编制是分析和预测的基础。理解时间序列，明确其作用，科学编制时间序列就显得尤为重要。学会动态看问题。时间序列水平和速度分析是预测的基础。掌握水平和速度指标的计算，明确其作用，正确看待水平、速度与效益的关系。

§8.1　时间数列概述

§8.1.1　时间数列的概念和意义

1. 时间数列的概念

世界上的任何事物都不是静止不变的，社会经济现象也不例外。统计不仅要从静态方面研究社会经济现象的数量特征和数量关系，而且还要从动态方面分析研究社会经济现象的变化趋势及其发展变化的规律性。时间数列就是用来进行动态分析的。

时间序列是一种统计数列，它是将反映某类现象在时间上变化和发展的一系列指标数值，按其时间先后顺序排列而形成的统计数列。由于时间数列表现了现象在时间上的动态变化，故又称为动态数列。

时间数列由两个基本要素构成：一是时间名称，即现象所属的时间；二是指标数值，即表明现象特点的各项指标数值。

由于时间数列可以反映社会经济现象的发展过程及其规律性，所以，在统计分析中具有重要的作用：①对于不同时期的社会经济现象，就其发展水平、发展变化方向及发展速度进行研究；②分析不同时间现象内部的结构及其变化，客观现象之间的比例及依存关系的变化，预估现象的变动趋势；③通过分析研究，揭示社会经济现象的某种演变规律性，有利于实现宏观调控。

2. 时间数列的作用

时间数列的作用可以概括为如下几点:①可以反映客观现象发展变化的状态和结果。②可以反映客观现象发展变化的过程(包括历史、现在和将来),从而帮助人们研究和探索客观现象发展变化的规律性。③可以分析研究客观现象之间的联系程度及其发展变化的趋势。④可以进行外推预测。

§8.1.2 时间数列的种类

时间数列按其所排列的统计指标的性质不同,可以分为绝对数时间数列、相对数时间数列和平均数时间数列三种。其中绝对数时间数列是基本数列,相对数时间数列和平均数时间数列是派生数列。

1. 绝对数时间数列

将某一总量指标在不同时间上的数值,按照时间的先后顺序排列而成的数列称为绝对数时间数列。

它反映某一社会经济现象在各个时期所达到的绝对水平及其发展的趋势。绝对数时间数列根据所反映的社会经济现象的时间性质不同,又可分为时期数列与时点数列。

①时期数列。它所用的总量指标是时期指标,反映某种现象在一段时期内发展过程的累计总量,例如,表8-1的时间数列资料即为时期数列。

表8-1　　中国"九五"时期国内生产总值

年 份	1995	1996	1997	1998	1999	2000
国内生产总值	58478.1	67884.6	74462.6	78345.2	81910.9	89404.0
其中:第三产业	17947.2	20427.5	23028.7	25173.5	27035.8	29144.6

表8-1的时期数列显示出我国在"九五"时期国内生产总值迅速发展的过程,到20世纪末,我国国内生产总值突破了10000亿美元大关。时期数列中的每一个指标数值,都是一年内的社会总产量。

时期数列中每一项指标数值所包括的时间长短称为"时期"。时期可以是1天、10天、1月、1季、1年或者5年等。表8-1是1年的指标数值。两个相邻时期之间的时间举例,称为"时期距离",表8-1的时期距离为1年。时期及其距离的长短不定,视其研究现象的特点和目的而决定。

一般而言,时期数列都是连续的,即各个时期的指标连续不断,资料是完整的,时期长短与距离长短一致。表8-1是一个连续时期数列,它们的时期和距离均为1年。连续时期数列有两个特点:一是数列中各个指标数值是可以相加的,因为时期数列中,每一个指标数值是在一段时间发展过程中不断累积而得的总量。所以各个指标数值都可以相加,相加后的指标数值表现出现象在更长时期内的发展的总量。二是时期数列中,每一个指标数值的大小与其时期的长短呈同方向关系,即时期越长,指标数值越大,反之,指标数值越小。

②时点数列。将某一时点指标在不同瞬间上的数值,按照时间的先后顺序排列而成的数列称为时点数列。例如表8-2的时间数列即为时点数列。

表8-2的时点数列表明,我国20世纪90年代后半期人口规模逐年、有限地扩大,每年新增人口都在1000万人至2000万人之间。数列中的每一个指标值,表明每年最后一天的全国人口总量。

表 8－2　　中国“九五”时期全国人口数目　　万人

年　份	1995	1996	1997	1998	1999	2000
年末总人口	121121	122389	123626	124810	125909	129533
其中:女性	59313	60189	60495	61181	61720	62655

在统计活动中，常常将时点的概念定在一天的范围内，例如，“月末人数”，就是指月末这一天的人数，在这一天内不再细分，从这个意义上将，时点数列有连续的和间断的分别。凡是两个时点之间不存在有别的数值时，就称为连续时点数列;反之，就称为间断时点数列。例如，表 8－2 的资料中只有每年末的人口数，而其它每天的人口数没列出，所以是间断时点数列。在间断时点数列中，相邻两个时点之间的距离称为“间隔”，表 8－2 中，两个时点的间隔是一年，故又称为间隔相等的间断时点数列。

时点数列有其自己的特殊性。数列中的各项指标数值，都是某一时刻统计的结果，其数值大小与统计时间的长短无必然联系。例如，12 月末人口数，也可以是第四季度末的人口数，当然，也可以是年末人口数，数列中的各指标数值一般也不能相加，它表明的现象是各时点的数量状况，各个指标数值相加后，无法说明这个数值的时点性质，而且还会出现重复计算，无任何经济意义。

与时期数列相比，时点数列具有如下特点:数列中统计指标的各个数值是不能相加的，直接相加后其结果没有现实的经济意义。这是因为时点数列中统计指标的每个数值都说明客观现象在某一时刻(瞬间)上的状况，如果直接相加，就会出现重复计算。在实际工作中将两个(或两个以上)时点上的数值相加，其目的是为了求平均数，来反映现象在时点之间的状态水平。数列中统计指标的每个数值的大小，与其时间间隔长短没有直接关系。在时点数列中，“间隔”是指两个相邻数值在时间上的距离。时点数列中的统计指标的每个数值，只是用来表明客观现象在某一时刻(瞬间)上的数量状况，其数值大小与时间间隔长短不存在直接的依存关系(有时可能会存在间接关系)。数列中统计指标的每个数值都是时点数，一般是通过间断计数取得的。

2. 相对数时间数列

将某一相对指标在不同时间上的数值，按照时间的先后顺序排列而成的数列称为相对数时间数列。它是用来反映社会经济现象在时间上的比例、结构和强度等对比关系的发展变化过程及其特征的数列。例如，表 8－3 的资料所显示的即为相对数时间数列。

表 8－3　　中国“九五”时期历年人口性别比例情况

年　份	1995	1996	1997	1998	1999	2000
女性人口比重(%)	49%	49%	49%	49%	49%	48%
性别比例(男:女)	100:96	103:100	104:100	104:100	104:100	110:100

从表 8－3 可以看出，20 世纪 90 年代后半期，全国总人口中，女性人口的比重呈下降趋势;每 100 名女性人口对应的男性人口比例在上升。

各种不同的相对数时间数列，均从不同角度反映社会经济现象之间相互关系的发展过程及其规律性。在相对数时间数列中，各项指标数值是不能相加的。

在统计中，相对指标可以分为静态相对数和动态相对数，所以相对数时间数列也可以分为静态相对数时间数列和动态相对数时间数列两种。前者包括结构相对数时间数列、比例相对数时间数列、比较相对数时间数列、强度相对数时间数列和计划完成相对数时间数列；后者包括发展速度时间数列和增长速度时间数列两种。相对数时间数列是由绝对数时间数列派生出来的，而绝对数时间数列又分为时期数列和时点数列，所以相对数时间数列还可以分为如下几种具体形式：①由两个时期数列对比形成的相对数时间数列。②由两个时点数列对比形成的相对数时间数列。③由一个时期数列与一个时点数列对比形成的相对数时间数列。④由一个绝对数时间数列的相邻项（后项与前项）对比形成的相对数时间数列。要注意，相对数时间数列中的各个指标数值，一般来讲是不能相加的。

3. 平均数时间数列

平均数时间数列，将某一平均指标在不同瞬间上的数值，按照时间的先后顺序排列而成的数列称为平均数时间数列。它是用来研究与分析社会经济现象一般水平的发展趋势，例如，表8－4的资料所显示的即为平均数时间数列。

表8－4　　中国“九五”时期城镇居民人均收入情况

年　份	1995	1996	1997	1998	1999	2000
城镇居民家庭人均可支配收入（元）	4283.0	4838.9	5160.3	5425.1	5854.0	6280.0

表8－4中的资料说明，随着我国经济的突飞猛进，城镇居民家庭的生活水平在稳步提高。

在平均时间数列中，各项指标数值是不能相加的，因为其数值相加后无任何现实意义。

平均数时间数列可以反映客观现象一般水平（平均水平）的发展过程和变动趋势。由于平均数有动态和静态两种形式，所以平均数时间数列又可分为动态平均数时间数列和静态平均数时间数列。同相对数时间数列一样，平均数时间数列按其形成过程不同，可分为如下几种具体形式：①由两个时期数列对比形成的平均数时间数列。②由两个时点数列对比形成的平均数时间数列。③由两个性质不同的时间数列对比形成的平均数时间数列。④由一个时间数列的相邻项（后项比前项）平均形成的平均数时间数列。平均数时间数列中的数值计算基期是不同的，所以也不具有可加性。

§8.1.3　时间数列的编制原则

编制时间数列的主要目的是通过数列中的指标数值进行动态分析，来研究社会经济现象的发展变化过程及其变动趋势。所以保证数列中各个指标之间的可比性，就成了编制时间数列应遵循的原则。可比性的具体要求有如下几点：

1. 同一时间数列，时期（或间隔）长短应该统一

对于时期数列而言，它的指标数值的大小，与其时期长短有直接关系。所以如果各个指标数值所包含的时期长短不同，就很难进行对比分析；对于时点数列，也要求时间间隔尽可能相一致，以便更准确地进行对比分析。

2. 总体范围应该一致

在时间数列中，指标数值的大小与被研究现象所属总体空间范围有直接关系，所以，如果各个指标数值所属的总体空间范围不一致（如行政区划发生变化），则前后数值就不能直接

进行对比，此时应对指标数值进行调整，使总体范围前后达到一致，然后再做动态分析。

3. 指标的经济内容应该相同

在时间数列中，有时会出现指标名称相同，但前后经济内容不一致，也不能进行对比。一旦经济内容不一致，就应该进行调整。

4. 指标的计算方法、计算价格和计量单位应该一致

计算方法有时也称计算口径，在时间数列中指标名称和指标内容都一致时，有时因计算口径不一致(如工业企业劳动生产率既可以按全员计算，也可按生产工人计算)，在价值指标中计算价格不一致(价格有不变价格和现行价格之分)，在实物指标中计量单位不一致等，在指标数值中也就不具有可比性。保证时间数列中各个时期(时点)指标数值的可比性是认识客观事物发展变化的原则。但是任何事物绝对可比是不存在的，在利用时间数列进行动态分析时，只要能满足统计研究目的的基本要求，就可视为可比。

§8.2　时间数列发展水平与速度指标

§8.2.1　发展水平与增长水平

通过时间数列对社会经济现象的发展变化的轨迹和规律进行研究，可以计算一系列动态分析指标。运用动态分析指标来研究社会经济现象发展变化的数量特征，可进一步揭示现象发展变化的趋势和规律。

时间数列的比较分析指标有时间数列的绝对数分析指标和时间数列的相对数分析指标。

1. 发展水平

发展水平就是时间数列中的各个时期(时点)的指标数值，它反映客观现象发展变化实际达到的规模或程度，它是计算其他时间数列分析指标的基础，是计算其他动态分析指标的基础，多用 a_i 表示。

2. 发展水平的分类

(1)发展水平按其在时间数列中所处的位置不同，可以分为最初(发展)水平、最末(发展)水平和中间(发展)水平。

在时间数列中第一个时期(时点)的指标数值称为最初水平，最后一个时期(时点)的指标数值称为最末水平，其余各个时期(时点)的指标数值称为中间水平。

(2)发展水平按其具体表现形式不同，可以分为绝对数发展水平、相对数发展水平和平均数发展水平。

其中绝对数发展水平是最基本的发展水平。

(3)发展水平按其在时间数列分析中所起的作用不同，可以分为报告期(发展)水平和基期(发展)水平。

在时间数列的分析中，通常将所要分析研究的那一时期(时点)的数值叫作报告期水平，把用来作为对比基础的那一时期的水平称为基期水平。这里要注意的是在时间数列的分析中，报告期水平和基期水平不是固定不变的，这要视研究的目的来确定。发展水平在文字上，习惯上用“增加到”或“增加为”、“降低到”或“降低为”来表示。

§8.2.2　时间数列的水平指标

在编制时间数列的基础上，为了反映社会经济现象在不同时间条件下的发展变化，研究事物的发展变化规律，需要进行各种动态分析，其中基础的方法就是通过对比分析计算各种动态分析指标，来反映社会经济现象在不同时间条件下的发展变化。常见的动态分析指标有：水平分析指标：发展水平、平均发展水平、增长量、平均增长量；速度分析指标：发展速度、平均发展速度、增长速度、每增长1%的绝对值、平均增长速度。

1. 时间数列的水平指标

(1)发展水平

发展水平是时间数列中具体时间条件下的指标数值，又称时间数列水平。是计算其他动态分析指标的基础，多用 a_i 表示。

(2)平均发展水平

平均发展水平又称之为序时平均数，它是将整个时间数列作为一个整体，反映这个整体的一般水平。序时平均数与一般的算术平均数虽然都是通过具体数值计算，反映整体的一般水平，但两者也存在着明显的差异，主要表现在：

①序时平均数平均的是事物在不同时间上的数量差异；算术平均数平均的是总体各单位某一数量标志在同一时间上的数量差异。

②序时平均数是从动态上说明某一事物在不同时间上发展的一般水平；算术平均数是从静态上说明同一事物总体不同单位在同一时间上的一般水平。

③序时平均数是根据时间数列计算的；算术平均数是根据变量数列计算的。

序时平均数的计算，由于不同时间数列具有不同特点需要用不同的方法，现分别讨论如下：

ⅰ根据绝对数时间数列计算序时平均数。

由前述可知，在绝对数时间数列中主要是由总量指标所构成的时间数列，而总量指标根据其时间状况不同又可分为时期指标与时点指标，并分别构成时期数列与时点数列。时期数列与时点数列各自所具有的不同特点，使得在平均指标的计算上具有明显的差异。

a. 由时期数列计算序时平均数。由于时期数列中的各项指标数值都是反映社会经济现象在一定时期内的过程总量，具有可加性，因此我们可以采用简单算术平均的方法计算序时平均数，即将时期数列中研究范围内的各项指标数值之和除以时期项数来得到。计算公式为：

$$\bar{a}=\frac{\sum a_i}{n}$$

b. 时点数列序时平均数。要精确计算时点数列序时平均数就应该有每一瞬间都登记的资料。这在实际中几乎是不可能的，所以习惯上以天为单位作为瞬间即时点。即使这样也较繁杂。通常的作法有两种：一是每隔一段时间登记一次，时点定在月(季、年)初或末，每次登记的间隔相等；二是只当现象的数量发生变化时登记，每次登记的间隔不等。两种情况下计算序时平均数的方法有所不同：

"首尾折半法"——用于间隔相等的时点数列：

$$\bar{a}=\frac{\frac{1}{2}a_0+a_1+\cdots\cdots+a_{n-1}+\frac{1}{2}a_n}{N-1}$$

“两两平均法”——用于间隔不等的时点数列：

$$\bar{a}=\frac{\frac{a_0+a_1}{2}+\frac{a_1+a_2}{2}+\cdots\cdots+\frac{a_{n-1}+a_n}{2}}{n}$$

ⅱ由相对指标或平均指标计算序时平均数。

相对指标或平均指标时间数列是由互相联系的两个总量指标时间数列加以计算的在相对指标或平均指标背后掩藏着与之相适应的绝对数，我们不能像总量指标时间数列那样直接计算序时平均数。只能按照数列的性质，分别计算分子、分母两个基本点总量指标时间数列的序时平均数，然后加以对比。所以，总量指标时间数列的序时平均数是基本方法，从相对指标或平均指标时间数列计算序时平均数，也应以此为基础。其算式一般写为：

$$\bar{c}=\frac{\bar{a}}{\bar{b}}$$

式中“＝”左边代表相对指标或平均指标的序时平均数，右边分子、分母分别代表子项和母项总量指标的序时平均数。在这里 a、b 作为总量指标时间数列（时点或时期）有三种可能：

①a、b 均为时期数列。②a、b 均为时点数列。③a、b 一个为时点数列一个为时期数列。

2. 增长量

增长量就是报告期水平与基期水平之差，用公式表示为：

增长量＝报告期水平－基期水平＝a_1-a_0

在增长量的计算中，由于报告期水平可以大于基期水平，也可以等于或小于基期水平，所以增长量可以是正值，也可以是零或负值，它们分别表示正增长、零增长或负增长。

由于基期的确定方法不同，增长量可分为逐期增长量与累积增长量。逐期增长量是报告期水平减去基期水平，说明现象逐期增长的数量；a_n-a_{n-1} 累积增长量则是报告期水平与某一固定期水平的差额，说明事物某一时期内的总增长量：

逐期增长量＝ a_1-a_0，a_2-a_1，……，a_n-a_{n-1}

累积增长量＝ a_1-a_0，a_2-a_0，……，a_n-a_0

我们不难得出如下结论：

①累积增量等于逐期增量之和，即：

$(a_1-a_0)+(a_2-a_1)+\cdots\cdots+(a_n-a_{n-i})=a_n-a_0$

②相邻两期累积增长量之差等于相应的逐期增量

在实际统计分析工作中，为了消除季节变动的影响，增加可比性，常计算本期发展水平与上年同期水平的增减数量，称为年距增长量。

表8－5　　　　中国1995～2000年的粮食产量变化　　　万吨

年份		1995	1996	1997	1998	1999	2000
全国粮食总产量		a_0	a_1	a_2	a_3	a_4	a_5
		46662	50454	49417	51230	50839	46251
增减量	逐期	-	7972	-1037	1813	-391	-4588
	累积	-	37972	2755	4568	4177	-411

3. 平均增长量

平均增长量是增长量的序时平均数，说明现象在一定时期内平均每期增长的数量，较常用的方法有两种：一是水平法，它是将各个逐期增长量相加之后除以逐期增长量的个数，或累计增量除以时间数列项数减1，用公式表示为：

水平法：平均增长量＝逐期增长量之和÷逐期增长量个数

总和法：要求用平均增长量Δ推算的各期理论水平之和等于各期实际水平之和

§8.2.3　发展速度与增长速度

1. 发展速度

发展速度指标是反映社会经济发展的重要指标，它是反映某种社会经济现象发展程度的相对指标，是时间数列中每两两时间发展水平对比的结果，用来说明报告期水平已发展为基期水平的若干倍或百分之多少。

计算发展速度指标的一般公式为：

$$发展速度(x)=\frac{报告期发展水平}{基期发展水平}$$

发展速度通常以百分数表示，发展速度大于100%表示上升，小于100%表示下降。当发展速度很大时也可以以倍数表示，比如我们常说的“翻两番”就是以倍数关系表示的。由于对比基期的不同，发展速度又可分为定基发展速度和环比发展速度。

(1)定基发展速度是动态数列中各报告期水平与某一固定基期水平(固定基期一般是最初水平a_0，有时可以是某一特殊水平)之比，反映现象在一个较长时期内的发展变动程度。因此，定基发展速度又称为总发展速度。其计算公式为：

$$定基发展速度=\frac{本期发展水平(a_i)}{基期发展水平(a_0)}$$

用符号表示为：

$$\frac{a_1}{a_0},\frac{a_2}{a_0},\frac{a_3}{a_0},\cdots,\frac{a_n}{a_0}$$

(2)环比发展速度是动态数列中报告期水平与前一期水平之比。反映现象逐期发展变动的程度。如果计算的单位时间为一年，这个指标也可叫做年速度。其计算公式为：

$$环比发展速度=\frac{本期发展水平(a_i)}{上期发展水平(a_{i-1})}$$

用符号表示为：

$$\frac{a_1}{a_0},\frac{a_2}{a_1},\frac{a_3}{a_2},\cdots,\frac{a_n}{a_{n-1}}$$

上述两种发展速度之间存在着一定的数量关系：

第一，定基发展速度等于各相应时期环比发展速度的连乘积，即

$$\frac{a_n}{a_0}=\frac{a_1}{a_0} x \frac{a_2}{a_1} x \frac{a_3}{a_2} x \cdots x \frac{a_n}{a_{n-1}}$$

第二，两个相邻时期的定基发展速度之比等于相应时期的环比发展速度，即

$$\frac{a_i}{a_0}\Big/\frac{a_{i-1}}{a_0}=\frac{a_i}{a_{i-1}}$$

为了消除季节因素对社会经济现象发展变化的影响，在计算月份或季度发展速度时，可选用上年同期作为对比的基期，计算年距发展速度。此外，还可以选用历史最高水平的时间作为对比的基期，以反映在报告期超过或不及历史最高水平的程度。

环比发展速度与定期速度的关系可参见表 8 –6。

表 8 –6　**中国“九五”时期工业生产情况**

年　份		1995	1996	1997	1998	1999	2000
工业总产值(亿元)		a_0	a_1	a_2	a_3	a_4	a_5
		91894	99595	113733	119048	126111	138596
发展速度(%)	环比	–	108.38	114.20	104.67	105.93	109.90
	定基	100.00	108.38	123.77	129.55	137.24	150.82

表 8 –6 中，2000 年的定基发展速度是 1996 ~2000 年的五年环比发展速度的连乘积：

150.82% =108.38% ×114.20% ×104.67% ×105.93% ×109.90%

1998 年和 1997 年的定基发展速度的对比值是 1998 年的环比发展速度：

129.55% ÷123.77% =104.67%

(3)同比发展速度指标。社会经济现象的发展往往具有季节性变动的特点，如果仅和相邻时期水平对比或以某一固定时期水平对比，会出现季节性变化的影响因素。为了消除这种影响，通常会以过去的同季度或同月份为基期，反映现象的动态演变程度。其计算公式为：

$$同比发展速度=\frac{本年某季度(或某月)发展水平}{上年同季度(或同月)发展水平}$$

2. 增减速度

(1)增减速度指标的意义

增减速度是报告期增减量与相应的基期发展水平的对比，从而得到的反映报告期发展水平比基期增减变化程度的相对指标。

增减速度指标和发展速度指标都是用来说明社会经济发展演变程度的，只是表达方式上有区别。前者说明现象报告期发展水平比基期发展水平增长或降低若干倍或百分之几；后者则说明现象的发展水平，报告期是基期的若干倍或百分之几。

具体表述时，计算结果是正值，则称为增长速度；反之，计算结果出现负值，则称为降低速度。

增减速度指标的一般计算公式为：

$$增减速度(\triangle_x)=\frac{增减量}{基期发展水平}$$

或　　$$增减速度\triangle_x=发展速度-1(或100\%)$$

上述两个计算式的计算结果是同一样的。

增长速度通常用百分数表示。当发展速度大于100%时,增长速度为正值,表示现象增加的程度;当发展速度小于100%时，增长速度为负值，表示现象减少的程度。

(2)增减速度指标的不同表示

增减速度由于采用基期不同，也分为定基增长速度和环比增长速度和同比增减速度三种形式。

①定基增减速度指标。定基增减速度是报告期的累计增长量与某一固定基期(通常为最初水平)之比，表明某种现象在一段时期内总的增长速度。其计算公式为：

$$定基增减速度=\frac{累积增减量}{基期发展水平}=定基发展水平-1(或100\%)$$

用符号表示为：

$$\triangle_x=\frac{a_i}{a_0}-1$$

例如，利用表8－5的资料可以计算出增减速度指标，如表8－7所示。

表8－7　　**中国“九五”时期粮食产量增减程度**

年　份		1995	1996	1997	1998	1999	2000
粮食总产量(万吨)		446662	50454	49417	51230	50839	46351
增减速度(%)	环比	-	8.13	-2.06	3.67	-0.76	-9.02
	定基	100.00	8.13	5.90	9.79	8.95	-0.88

表8－7的资料表明，“九五”期间，由于我国农业生产结构的调整和自然灾害等原因，粮食产量起伏不定，“九五”末期比“八五”末期减产近一成(即10%)。

②环比增减速度指标是指逐期增长量与前一期水平之比，表明某种现象逐期的增长速度。其计算公式为：

$$环比增减速度=\frac{逐期增减量}{上一期水平}=环比发展速度-1(或100\%)$$

用符号表示为：

$$\triangle_x=\frac{a_i}{a_{i-1}}-1$$

③环比增减速度与定基增减速度的关系。值得注意的是，定基增减速度和环比增减速度之间没有量的直接乘除关系，就是说，环比增减速度的连乘积不等于定基增减速度。如需推算，必须将增减速度转化为发展速度，利用发展速度的关系互相推算，再转化为增减速度。

④同比增减速度指标。与同比发展速度一致，往往将本期增减量(即本期发展水平与去年同期发展水平相减的差额)和去年同期发展水平相比，说明比同年同期增减变化的相对程度，又称年距环比增减速度。其计算公式为：

$$同比增减速度=\frac{本年某季度(或某月)与去年同期增减量}{上年同季度速度-1(或100\%)}=同比发展速度-1(或100\%)$$

3. 增减一个百分点绝对值含量的分析

发展水平和增减量，说明的是社会经济所达到的某种水平和其增减的绝对量；而发展速度和增减速度，说明的是现象的发展和增减变化的相对程度。由于速度指标是相对指标，它用抽象化的百分比来说明现象发展或增减程度时，会掩饰其所依据的绝对水平。换句话说，高速度可能掩盖了低水平，而低速度背后可能掩藏着高水平。这就是速度与水平之间矛盾的一面。所以，为了将速度与水平有机结合起来，以便正确、全面描述社会经济现象的发展变化状况，可运用一个百分点速度的绝对水平指标予以显示。

平均增减一个百分点速度绝对水平指标的计算公式有两种：

按增减量计算的公式为：

$$平均1\%的绝对值=\frac{逐期增减量}{环比增减速度}$$

按基期发展水平计算的公式为：

$$平均1\%的绝对值=\frac{基期发展水平}{100}$$

【例8－1】根据表8－5和8－7的资料，计算“九五”期间我国每年粮食产量增减1%的增长量或减产量。

解：1996年比1995年增产：

$$\frac{3792万吨}{8.13}=466.42万吨$$

1997年比1996年增产：

$$\frac{-1037万吨}{-2.06}=503.40万吨$$

1998年比1997年增产：

$$\frac{1813万吨}{3.67}=494.01万吨$$

1999年比1998年增产：

$$\frac{-391万吨}{-0.76}=514.47万吨$$

1999年比1998年增产：

$$\frac{-4588万吨}{-9.02}=508.65万吨$$

§8.2.4 时间数列的速度指标

社会经济现象在不同时期的发展速度是不同的，为了说明社会经济现象在一段较长时期内发展变化的一般程度，必须将现象在这个时期内的发展速度差异加以抽象，计算平均速度指标。平均速度指标有平均发展速度和平均增长速度两种。

1. 平均发展速度

平均发展速度是某种社会经济现象各环比发展速度的序时平均数，说明在发展期内平均发展变化的程度。

（1）平均发展速度的发展意义

由于社会经济现象在各个时期所处的历史条件不同，所以它们的发展速度是有差别的。为了观察其在一个较长时期内，逐年平均发展变化的程度，就应将逐个环比发展速度的差异抽象化，计算出各个环比发展速度的序时平均数。这个序时平均数就是平均发展速度指标。

平均发展速度指标可以用来比较和说明各个历史发展阶段社会经济的一般发展状况；可以在制定社会经济发展规划时，用作预测的依据；还可以用来和国际对比，以便找出差距。

（2）平均发展速度指标的计算方法

计算平均发展速度指标有两种方法：一种是用几何平均数计算的水平法，另一种是用高次方程计算的累计法。

①水平法

由于社会经济现象发展的总速度不等于各年发展速度之和，而等于各年环比发展速度的连乘积，所以平均发展速度不能用算术平均法计算，而要用几何平均法计算，这种方法称为水平法。其计算公式为：

$$\bar{x} = \sqrt[n]{x_1 \cdot x_2 \cdot x_3 \cdots x_n} = \sqrt[n]{\Pi x}$$

式中，$\bar{x}$ 代表平均发展速度，x 代表各期环比发展速度，n 代表环比发展速度的项数，Π 代表连乘符号。

由于动态数列中定基发展速度等于各环比发展速度的连乘积，所以，计算平均发展速度的公式又可以表示为：

$$\bar{x} = \sqrt[n]{\frac{a_1}{a_0} x \frac{a_2}{a_1} x \cdots\cdots x \frac{a_n}{a_{n-1}}} = \sqrt[n]{\frac{a_n}{a_0}}$$

一段时期的定基发展速度即为现象的总速度。如果用 R 表示总速度，则平均发展速度的公式还可以表示为：

$$\bar{x} = \sqrt[n]{R}$$

以上计算平均发展速度的三个公式，虽然形式不同，但其实质内容与计算结果完全相同。计算平均发展速度，究竟采用哪个公式，主要取决于所掌握的资料。利用几何平均法求现象的平均发展速度，可以借助对数计算，也可以直接用多功能电子计算器计算。

【例8-2】已知某企业商品零售总额2000～2004年各年的环比发展速度分别为：115.3%、118.7%、120.4%、128.6%、134.3%，求年平均发展速度。

$$\bar{x} = \sqrt[n]{\prod x}$$

$$= \sqrt[5]{115.3\% \times 118.7\% \times 120.4\% \times 128.6\% \times 134.3\%}$$

$$= 123.2\%$$

【例8-3】如果已知该企业消费品零售额1999年为7250.3亿元，2004年为20620.0亿元，求年平均发展速度。

$$\bar{x} = \sqrt[n]{\frac{a_n}{a_0}} = \sqrt[5]{\frac{20620.0}{7250.3}} = 123.2\%$$

【例 8－4】如果已知我国社会消费品零售额 1990～1995 年的总发展速度是 284.4%，求年平均发展速度。

$$\bar{x} = \sqrt[n]{R} = \sqrt[5]{284.4\%} = 123.2\%$$

计算结果表明，用以上三种公式对同一现象计算平均发展速度，其计算结果相同(有时出现小数不一致的情况，属计算过程中四舍五入情况造成的误差)。但是这种方法不能准确反映中间水平的起伏状况。从理论上讲，用水平法计算的平均发展速度，是对一定发展阶段各期环比发展速度的平均，受各个时期发展水平的影响；但从计算公式中观察，它只突出了最初水平和最末水平的影响，不能全面反映现象在整个发展阶段各期发展快慢的差别。

因此，在运用这一指标时，应注意最初水平与最末水平是否受特殊因素影响；同时，要联系各期环比发展速度加以分析，必要时用分段平均发展速度补充总平均发展速度，以对现象的发展作出更加全面、客观、科学的评价。

②累计法

累计法是以各期发展水平的总和与某一基期水平之比为基础，利用一元高次方程计算平均发展速度的方法。计算公式为：

$$X^{-1} + X^{-2} + X^{-3} + \cdots\cdots + X^{-n} = \frac{\sum a_i}{a_0}$$

解出这个高次方程的正根，就是所求的平均发展速度。在实际中，计算比较麻烦，一般根据事先编好的《平均发展速度表》来计算。

2. 平均增减速度

平均增长速度又称平均增减速度，说明社会经济现象在一较长时期内，平均每年增减变化的相对程度，其实质是环比增减速度的平均值。

平均增减速度指标的计算公式为：

平均增减速度＝平均发展速度－1(或 100%)

若计算结果是正值，称为平均增长速度，或平均递增速度；若计算结果是负值，称为平均降低速度，或平均递减速度。

比如，例 8－6 所述的 1995～2000 年间，我国接待的入境外国旅游者人数，平均每年以 11.52% 的递增速度在扩大，所以，在 2000 年达到 1016 万人的高点。

请思考：为什么说高水平难以高速度，低水平却可以高速度呢？

为什么中国国内生产总值可以以每年大于 7% 的速度增长，美国国民生产总值每年增长不到 4%，而美国仍然发展很快呢？

思考题：

1. 时间数列的概念和意义是什么？
2. 时间数列的种类有哪些？
3. 时间数列的编制原则是什么？
4. 时间数列的发展水平是什么？
5. 平均发展速度有何发展意义？

参考阅读材料：

1.《统计学》，[美]*David Freedman* 等著，中国统计出版社，1998
2.《社会经济统计学原理—基本理论与方法入门》，周恒彤主编，中国统计出版社，2000
3.《新编统计学原理》，陈嗣成、冯虹主编，首都经济贸易大学出版社，2001.9

计算题：

1.. 某工业企业1986年第二季度各月工人人数资料如下：

	3月31日	4月30日	5月31日	6月30日
工人人数（人）	1800	1850	1880	1900

试根据以上资料计算1986年第二季度的月平均工人数。

2. 某地区1993～1997年粮食资料如下：

年份	1993	1994	1995	1996	1997
粮食产量	320	332	340	350	380

试用最小平均法配合直线趋势方程预测1998年粮食产量。

第9章 统计决策

● **主要内容**

1. 统计决策的定义
2. 统计决策的基本步骤
3. 完全不确定型决策准则
4. 自然状态概率分布的估计
5. 贝叶斯决策的定义

◇ **引导案例：**

某药厂需对某新药品生产批量作出决策，现有三种备选方案：大批量、中批量、小批量，未来市场对药品需求是药品生产的决定因素，根据资料及以往经验，估计市场需求量大的可能性为30%，如果市场需求量大而采取大批量生产、中批量、小批量生产，药厂分别获利30万元、20万元、10万元；若市场需求量小而采取大批量、中批量、小批量生产，药厂分别是亏损6万元、2万元和赢利5万元。为了更好地掌握未来市场，该药厂委托某咨询公司作市场调查，这需支付信息费3万元，从提供的资料可知，市场需求量大的准确率是85%，市场需求量小的准确率是90%。

§9.1 统计决策的基本概念

§9.1.1 统计决策的定义

1. 统计决策的概念

决策，就是为了实现特定的目标，根据客观的可能性，在占有一定信息的经验基础上，借助一定工具、技巧和方法，对影响目标实现的诸因素进行准确的计算和判断选优后，对未来行动做出决定。决策具有以下基本特征：

①未来性。决策总是面对未来的，已经发生的事和正在发生的事是不需要决策的，决策产生于行动之前。由于未来是不确定的，因此决策具有风险性，科学的预测可以减少这种风险。

②选择性。决策离不开决断，决断离不开比较和选择，决策过程包括目标选择和决策方案选择。

③实践性。比较选择后得到的最优方案还只是思维结果，要付诸实施才能实现决策目标，实践可使决策者的认识产生飞跃。不实施的决策是毫无意义的，决策方案最优性也无从谈起。

2. 决策的基本要素

决策是一项系统工程，组成决策系统的基本因素有如下四个，即决策主体、体现决策主体利益和愿望的决策目标、决策的对象、决策所处的环境。

(1)决策是由人做出的，人是决策的主体，决策主体既可以是个人，也可以是一个组织——由决策者所构成的系统。决策者进行决策的客观条件是他必须具有判断、选择和决断能力，承担决策后果的法定责任。

(2)决策是围绕着目标展开的，决策的开端是确定目标，终端是实现目标。决策目标既体现主体的主观意志，又反映了客观现实，没有决策目标就没有决策。决策对象是决策的客体。决策对象涉及的领域十分广泛，可以包括人类活动的各个方面。

(3)决策对象具有一个共同点：人可以对决策对象施加影响。凡是人的行为不能施加影响的事物，不作为决策的对象。

(4)决策环境是指相对于主体、构成主体存在条件的物质实体或社会文化要素。决策不是在一个孤立的封闭系统中进行的，而是依存于一定环境，同环境进行物质、能量和信息交换。决策系统与环境构成一个密不可分的整体，它们之间相互影响、相互制约、息息相关。

3. 统计决策的分类

统计决策有广义和狭义之分。凡是使用统计方法进行决策的方法称为广义的统计决策。

狭义的统计决策是指不确定情况下的决策。在不确定情况下进行的决策需要具备以下四个条件：

①决策者要求达到一定目标，如治疗结果最好、成本最低、医疗服务质量最好等等，从不同的目的出发往往有不同的决策标准。②存在两个或两个以上可供选择的方案，所有的方案构成一个方案集合。③存在着不以决策者主观意志为转移的客观状态，或称为自然状态，所有可能出现的自然状态构成状态空间。④在不同情况下采取不同方案产生的结果是可以计量的，所有结果构成一个结果空间。

决策所要解决的问题是多种多样的，所对应的决策过程、思维方式、运用技术也各不相同。

(1)按决策问题所处的条件，可分为确定型决策、不确定型决策和对抗型决策。

确定型决策是指可供选择方案的条件已确定。例如，医院要进一批降压药，一种是长效药但价格较高，一种是短效药但价格便宜，选择哪一种就需要决策。在这个例子中，如果药品的疗效和价格都已确定，如何选择关键取决于医院的要求。另外，还有一些确定型的决策是属于运筹学中数学规划方面的问题，如在医院追加投资既定的条件下求增加护理人员和添置新仪器所能产生的效益的最大值。

不确定型决策是指决策时的条件是不确定的，又可以细分成两种。一种是各种可能情况出现的概率已知，可以结合这些概率来做出判断、选择方案，这样要冒一定的风险，所以称为风险型决策。如一个病人要安装起搏器，面临两种选择，一种是进口起搏器，5 年内质量无问题，但价格贵；另一种是国产起搏器，10% 的起搏器 5 年期间会出现故障，但价格要便宜许多。这时可以根据发生故障的概率，计算国产起搏器 5 年内发生故障需要更换的期望成本，并与使用进口起搏器的费用进行比较，从而做出选择。这种情况下的决策就是风险型决策。另一种是未知任何信息的决策，称为完全不确定情况下的决策。

对抗型决策的特点是包含了两个或几个方面之间的竞争，并且不是所有的决策都在决策者的直接控制之下，而要考虑到竞争方的策略，例如战国时田忌赛马的故事就是对抗型决策的典型例子。

(2)按照问题的性质，可分为程序化决策和非程序化决策。

程序化决策也称为结构化决策，是针对经常出现、具有某种规律的问题做出的决策。解决这类问题通常可按其规律明确决策程序，建立相应决策规则，遇到同类问题出现时便可重复应用决策规则妥善处理。

非程序化决策也称非结构化决策，是指针对偶然出现的特殊性问题或首次出现的情况或问题做出决策。解决这类问题一般没有一定的规则，需要创造性思维才能加以解决。且愈是高层的决策，非程序化决策越多。

(3)按照决策涉及的范围，可分为总体决策和局部决策。

总体决策是涉及各个重要方面的决策，如卫生保健制度的宏观战略和医疗保险方案的实施计划等，它决定着卫生保健事业的发展方向、行动纲领和保障目标，是卫生事业全局性的决策。

局部决策是指仅涉及个别对象或个别方面的决策，如药品的销售决策、医院的财务决策、物质技术设备的技术改革决策等等。局部决策是总体决策的组成部分，是一定时期内实现总体决策的手段。

(4)按照决策过程是否运用数学模型来辅助决策，可分为定性决策和定量决策。

定性决策重在决策问题质的把握，其决策变量、状态变量及目标函数等无法从数量上来刻画，只能做抽象的概括或定性的描述，如组织机构设置的优化、人事决策、选择目标市场等都属此类。

定量决策重在对决策问题量的刻画，这类决策问题中的决策变量、状态变量、目标函数都可以用数量来表示，决策过程中运用数学模型来辅助人们寻求满意决策方案，如医院内部的药品库存控制决策、成本计划、医院的床位设置和提供服务的种类等。

(5)按照决策目标的数量可分为单目标决策和多目标决策。

单目标决策是指决策要达到的目标只有一个的决策。如个人的医疗保险决策即是单目标决策，决策者的目标就是尽可能地减少因为疾病带来的经济损失，追求健康投资收益的极大化。

多目标决策则是指决策要达到的目标不止一个的决策。在实际决策中，很多都是多目标决策问题，如医院管理的目标决策就是一个多目标决策问题，医院提供医疗服务的目标除了救死扶伤、提高社会效益外，还有很多其他目标，如降低成本、提高经济效益，改进服务态度、树立医院形象，加强技术革新、提高竞争能力，合理配置资源、提高服务效率等，多目标决策问题一般比较复杂。

(6)按照决策的整体构成可分为单阶段决策和多阶段决策。

单阶段决策是某个时期的某一问题的决策，整个问题只由一个阶段构成。因此，单个阶段的最优决策即为整个决策问题的最优决策，如医院的年度人员培训计划等。

多阶段决策也称动态决策，它具有如下特点：①决策问题是由多个不同阶段的决策问题构成；②前一阶段决策的结果直接影响下一阶段的决策，是下一阶段决策的出发点；③必须分别做出各个阶段的决策，但各阶段决策结果的最优之和不一定保证整体决策结果的最优性。多阶段决策必须追求整体的最优。

(7)按照决策采用的统计理论可分为传统决策和贝叶斯决策。

传统决策是指根据样本的结果来推断总体，如假设检验中根据统计量的估计值作出拒绝还是接受原假设的结论，不考虑任何主观的先验信息。

贝叶斯决策则是主张利用主观的先验信息，广义上说，管理决策通常都应用先验信息，均可称为贝叶斯决策。而狭义的贝叶斯决策则是指将样本信息与先验信息相结合，利用贝叶斯的后验概率公式所作的决策。

§9.1.2 统计决策的基本步骤

1. 决策的作用

预测是决策的基础，决策是根据预测所做出的决断。在市场经济条件下，统计决策发挥着巨大的作用。这是因为在充满激烈竞争的市场中，决策者对信息掌握不足，对事物发展所导致的结果往往捉摸不透，而摆在决策者面前又有很多行动方案可供采用，这时统计决策可以帮助决策者选择行动方案。

决策的功能可表达为：目标→决策→行动→结果。即由目标出发，做出决策，由决策指挥行动，由行动产生相应的结果。可见，科学的统计决策起着由目标到达结果的中间媒介作用，能够避免盲目行动造成的风险。在卫生管理领域，从基础医疗机构的决策到部门卫生决策、地区卫生决策，以至全国性的卫生决策，都需要在统计决策的基础上采用有事实依据的最优行动方案，尽可能减少由于盲目决定而遭致的损失。

2. 决策信息搜集成本

信息是现代社会的重要资源，是决策的基础，没有信息，就无法进行决策或者只能做出盲目的决策。决策信息包括决策系统内、外的信息，如有关决策主体信息、决策主体需求信息、实现目标可能性信息、决策对象信息及决策环境信息等。

决策信息的搜集必须花费一定的费用，包括人力的耗费、财力的耗费乃至决策方案更改的机会成本等，因此，在搜集到一定的信息之后就应立即做出决策，即使仍有很多信息没有搜集全，也应如此。

搜集信息的时间越长，花费的搜集信息的成本越高，在开始搜集信息时，搜集到的额外信息会使决策效益递增，但随着时间的推移，信息搜集的边际效益递减，直至延误决策时机，导致信息搜集的成本大大高于信息所能带来的收益，这样，决策者就从信息搜集获益变为得不偿失。

信息的搜集不可能消除不确定性，且信息的搜集需要花费成本，因此决策者必须适时作出有效决策：首先，对决策的问题进行分析，确定决策问题的重要程度；然后，对重要程度较低的决策采取简单方法决策（即时决策），而对于重要程度较高的决策问题，则应在收集到一定信息之后，选择出最合适的决策方案。

3. 决策的步骤

一个完整的统计决策过程，必须经历以下几个步骤：

(1) 确定决策目标

确定决策目标是决策的重要一步，没有决策目标，也就不存在决策。所谓决策目标是指在一定的环境和条件下，在预测的基础上所希望达到的结果，确定目标首先要确定问题的特点、范围，其次要分析问题产生的原因，同时还应搜集与确定目标相关的信息，然后确定合理的目标。

合理的决策目标常能满足以下要求：①含义准确，便于把握，易于评估；②尽可能将目标数量化，并明确目标的时间约束条件；③目标应有实现的可能性，并富于挑战性。

(2) 拟定备选方案

目标确定后，接下来的工作就是分析目标实现的可能途径，即拟定备选方案。拟定备选方案必须广泛搜集与决策对象及环境有关的信息，并从多角度预测各种可能达到目标的途径及每一途径的可能后果。

拟定备选方案也是一个创新过程，决策者应扩展思路，既要充分发挥经验知识的作用，又要充分发挥人的想像力和创造力，力图从新的角度、新的视野去看待决策问题，以期拟定新颖的决策方案。

(3)方案选择

方案选择是指对几种可行备选方案进行评价比较和选择，形成一个最佳行动方案的过程。在评价分析中，要根据预定的决策目标和所建立的价值标准，确定方案的评价要素、评价标准和评价方法，有时还要作一些敏感性分析。此外，在选择方案时，除备选方案原型以外，也可以是某一方案的修正方案或综合几个备选方案而得出新的方案。在条件允许的情况下，评价过程应尽可能进行典型试验或运用计算机对有关方案进行模拟试验。

(4)方案实施

方案确定后，就应当组织人力、物力及财力资源，实施决策方案。在决策实施过程中，决策机构必须加强监督，及时将实施过程的信息反馈给决策制定者，当发现偏差时，应及时采取措施予以纠正。如果决策实施情况出乎意料，或者环境状态发生重大变化，应暂停实施决策，重新审查决策目标及决策方案，通过修正目标或者更换决策方案来适应客观形势的变化。实施方案应具有灵活性。

4. 决策的原则

要做出正确的决策，还应遵循下列三条原则：

(1)可行性原则

决策是为实现某个目标而采取的行动。决策是手段，实施决策方案并取得预期效果才是目的。因此，决策的首要原则是:提供给决策者选择的每一个方案在技术上、资源条件上必须是可行的。对于卫生管理决策来说，提供决策选择的方案都要考虑卫生服务机构在主观、客观、技术、经济等方面是否具备实施的条件。如果某一方面尚不具备，就要考虑能否创造条件使之具备。只有具备条件，或是一时未充分具备，但通过努力确实可行的方案，提供决策选择才是有意义的。

(2)经济性原则

即通过多方案的分析比较，所选定的决策方案应具有较明显的经济性。实施这一方案，比采取其他方案更能获得经济收益，或能免受更大的亏损风险。经济性原则也即最优化原则。

(3)合理性原则

决策方案的确定，需要通过多方案的分析、比较。定量分析有其反映事物本质的可靠性和确定性的一面，但也有其局限性和不足的一面。当决策变量多、约束条件变化大、问题复杂时，要取得定量分析的最优结果往往需要耗费大量的人力、费用或时间。另一方面，有些因素(如对于社会的、政治的、心理的和行为的因素)虽不能或较难进行定量分析，但对事物的发展却具有举足轻重的影响。因此在进行定量分析的同时，也不能忽略定性分析的作用。

定量分析与定性分析相结合，要求人们在选择决策方案时，不一定费力去寻求经济上“最优”的方案，而是兼顾定量与定性的要求，选择使人们满意的方案。也就是说，在某些情况下，应该以令人满意的合理性准则代替经济上的最优准则。

§9.2 完全不确定型决策

§9.2.1 完全不确定型决策的准则

1. 不确定型决策的概念

当决策者只能掌握可能出现的各种状态，而各种状态发生的概率无从可知。这类决策就是不确定型决策，或叫概率未知情况下的决策。

我们看到，在风险型决策方法中，计算期望值的前提是能够判断各种状况出现的概率。如果出现的概率不清楚，就需要用不确定型方法，这主要有三种，即冒险法、保守法和最小最大后悔值法。采用何种方法取决于决策者对待风险的态度。

(1)冒险法(大中取大法)

也称赫威斯决策准则，大中取大的准则。决策者不知道各种自然状态中任一种可能发生的概率，决策的目标是选最好的自然状态下确保获得最大可能的利润。

这是一种乐观的方法，它基于对未来前景的乐观估计，不放弃任何一个获得最好结果的机会，愿意承担风险以争取最大收益。其特点是决策者对未来形势比较乐观。在方案取舍时，首先，取各方案在各种状态下的最大损益值(即最有利的状态发生)，然后，在各方案的最大损益值中取最大者对应的方案。

(2)保守法

也称瓦尔德决策准则，小中取大的准则。决策者不知道各种自然状态中任一种发生的概率，决策目标是避免最坏的结果，力求风险最小。运用保守法进行决策时，首先在确定结果时，力求风险最小。运用保守法进行决策时，首先要确定每一可选方案的最小收益值，然后从这些方案最小收益值中，选出一个最大值，与该最大值相对应的方案就是决策所选择的方案。

(3)最小最大后悔值法

也称萨凡奇决策准确性则，决策者不知道各种自然状态中任一种发生的概率，决策目标是确保避免较大的机会损失。运用最小最大后悔值法时，首先要将决策矩阵从利润矩阵转变为机会损失矩阵；然后确定每一可选方案的最大机会损失；再次，在这些方案的最大机会损失中，选出一个最小值，与该最小值对应的可选方案便是决策选择的方案。

§9.2.2 各种准则的特点和适用场合

1. 完全不确定型决策的准则

(1)最大的最大收益值准则

在决策时，先选出各种状态下每个方案的最大收益值，然后再从中选择最大者，并以其相对应的方案作为所要选择的方案。

一般只有在客观情况确实很乐观，或者即使决策失误，也完全可以承受损失的场合才采用。

(2)最大的最小收益值准则

该准则又称悲观准则或“坏中求好”准则。它正好与乐观准则相反，决策者对未来形势比较悲观。在决策时，先选出各种状态下每个方案的最小收益值，然后再从中选择最大者，并以其相对应的方案作为所要选择的方案。

适用于对未来的状态非常没有把握，或者难以承受决策失误损失的场合。

(3)最小的最大后悔值准则

后悔值又称机会损失值，即由于决策失误而造成的其实际收益值与最大可能的收益值的差距。

适用于不愿放过较大的获利机会，同时又对可能出现的损失有一定承受力的场合。

§9.3　一般风险型决策

§9.3.1　自然状态概率分布的估计

1. 自然状态概率的定义

客观概率是一般意义上的概率，通常是由自然状态的历史资料推算或按照随机试验的结果计算出来的。

主观概率是决策者基于自身的学识和经验作出的对某一事件发生可能性的主观判断。

2. 风险型决策方法(决策树)

有时我们会碰到这样的情况，一个决策方案对应几个相互排斥的可能状态，每一种状态都以一定的可能性(概率0－1)出现，并对应特定结果，这时的决策就被称为风险型决策。风险型决策的目的是如何使收益期望值最大，或者损失期望值最小。期望值是一种方案的损益值与相应概率的乘积之和。下面我们用决策树来说明风险型决策方法。

决策树就是用数枝分叉形态表示各种方案的期望值，剪掉期望值小的方案枝，剩下的最后的方案即是最佳方案。决策树由决策结点、方案枝、状态结点、概率枝四个要素组成。

例如：某企业在下年度有甲、乙两种产品方案可供选择，每种方案都面临滞销、一般和畅销三种市场状态，各种状态的概率和损益值如下表所示：

市场状态	滞销	一般	畅销
概率	0.2	0.3	0.5
方案　损益值			
甲方案	20	70	100
乙方案	10	50	160

试用决策树法选择最佳方案。

依据已知条件，绘制决策树：

甲方案的期望值：$=20\times0.2+70\times0.3+100\times0.5=75$

乙方案的期望值：$=10\times0.2+50\times0.3+160\times0.5=97$

乙方案的期望值大于甲方案的期望值，所以选择乙方案。

§9.3.2　风险型决策的准则

1. 自然状态概率分布的估计

风险型决策是在估计出状态空间的概率分布的基础上进行决策。一般风险型决策中，所利用的概率包括客观概率和主观概率。

2. 风险型决策的准则

(1)期望值准则

收益期望值较大的方案作为最佳方案。

(2)变异系数准则

单纯根据收益期望值大小为标准的方案选择和将收益的期望值和方差结合在一起的方案选择。

(3)最大可能准则

在最可能状态下，可实现最大收益值的方案为最佳方案。所谓的最可能状态，是指在状态空间中具有最大概率的那一状态。因此，只有当最可能状态的发生概率明显大于其它状态时，应用该准则才能取得较好的效果。

(4)满意准则

是各方案收益值不低于目标值状态的累积概率。该方案达到满意水平的累积概率最大为决策准则方案选择结果。

3. 利用决策树进行风险型决策

利用决策树对方案进行比较和选择，一般采用逆向分析法，即从树型结构的末端的条件结果开始，从后向前逐步分析。决策树分析通常采用期望值准则。

§9.4　贝叶斯决策

§9.4.1　贝叶斯决策的定义

1. 贝叶斯决策的概念和步骤

根据各种事件发生的先验概率进行决策一般具有较大的风险。减少这种风险的办法是通过科学实验、调查、统计分析等方法获得较为准确的情报信息，以修正先验概率。利用贝叶斯定理求得后验概率，据以进行决策的方法，称为贝叶斯决策方法。

贝叶斯决策理论是主观贝叶斯派归纳理论的重要组成部分。贝叶斯决策就是在不完全情报下，对部分未知的状态用主观概率估计，然后用贝叶斯公式对发生概率进行修正，最后再利用期望值和修正概率做出最优决策。

贝叶斯决策理论方法是统计模型决策中的一个基本方法，其基本思想是：

①已知各类条件概率密度参数表达式和先验概率；

②利用贝叶斯公式转换成后验概率；

③根据后验概率大小进行决策分类。

2. 贝叶斯决策过程

(1)进行预后验分析，决定是否值得搜集补充资料以及从补充资料可能得到的结果和如何决定最优对策。

(2)搜集补充资料，取得条件概率，包括历史概率和逻辑概率，对历史概率要加以检验，辨明其是否适合计算后验概率。

(3)用概率的乘法定理计算联合概率，用概率的加法定理计算边际概率，用贝叶斯定理计算后验概率。

(4)用后验概率进行决策分析。

3. 贝叶斯定理

两事件的乘法法则：$P(A_1B)=P(A_1)P(B/A_1)$

边际概率：如果事件 A_1 和 A_2 是互斥完备的，则

$P(B)=P(A_1)P(B/A_1)+P(A_2)P(B/A_2)$

两事件的贝叶斯定理公式：如果事件 A_1 和 A_2 是互斥完备的，其中某个事件的发生是事件 B 发生的必要条件。则

$$P(A_1/B)=\frac{P(A_1)P(B/A_1)}{P(A_1)P(B/A_1)+P(A_2)P(B/A_2)}$$

n 个事件的贝叶斯定理公式：如果事件 A_1,A_2,Λ,A_n 是互斥完备的，其中某个事件的发生是事件 B 发生的必要条件。则

$$P(A_i/B)=\frac{P(A_i)P(B/A_i)}{P(A_1)P(B/A_1)+P(A_2)P(B/A_2)+\Lambda+P(A_n)P(B/A_n)}$$

贝叶斯定理是对概率运算和风险决策非常有用的定理，它实质上是对条件概率的陈述，下面通过一个例子加以说明。

假定某地区1%的居民患上了某种疾病，以 A_1 表示"有此病"的事件；以 A_2 表示"无此病"的事件。现从该地区全体居民中随机抽选一个人，该人患此疾病的概率有多大？由于总体的1%有此病，而且任何一个人被抽选的机会都是可能的，我们指定"有此病"这一事件的概率为0.01。这一概率 $P(A_1)=P(\text{有此病})=0.01$ 称为先验概率，其含义在于它是在观察任何经验信息之前指定的。当然，$P(A_2)=0.99$ 是这人没有患此病所对应的先验概率。

4. 贝叶斯决策的特点

贝叶斯决策的优点

(1)一般的决策方法大多用的是不完备的信息或主观概率，而贝叶斯决策能对信息的价值或是否需要采集新的信息做出科学的判断。

(2)它能对调查结果的可能性加以数量化的评价，而不是像一般的决策方法那样，对调查结果或者是完全相信，或者是完全不相信。

(3)如果说任何调查结果都不可能完全准确，先验知识或主观概率也不是完全可以相信的，那么贝叶斯决策则巧妙地将这两种信息有机地结合起来了。

(4)它可以在决策过程中根据具体情况不断地使用，使决策逐步完善和更加科学。

贝叶斯决策的局限性：

(1)它需要的数据多，分析计算比较复杂，特别在解决复杂问题时，这个矛盾就更为突出。

(2)有些数据必须使用主观概率，有些人不太相信，这也妨碍了贝叶斯决策方法的推广使用。

§9.4.2 贝叶斯决策方法的类型和应用

1. 贝叶斯决策方法的应用场合

贝叶斯决策理论方法是统计模式识别中的一个基本方法。贝叶斯决策判断既考虑了各类参考总体出现的概率大小，又考虑了因误判造成的损失大小，判别能力强。贝叶斯方法更适用于下列场合：

(1) 样本(子样)的数量(容量)不充分大，大子样统计理论不适宜的场合。

(2) 试验具有继承性，反映在统计学上就是要具有在试验之前已有先验信息的场合。用

这种方法进行分类时要注意两点：

第一，要决策分类的参考总体的类别数是一定的。例如两类参考总体（正常状态 $D1$ 和异常状态 $D2$），或 L 类参考总体 $D1$，$D2$，…，DL（如良好、满意、可以、不满意、不允许、……）。

第二，各类参考总体的概率分布是已知的，即每一类参考总体出现的先验概率 $P(Di)$ 以及各类概率密度函数 $P(x/Di)$ 是已知的。显然，$0 \leqslant P(Di) \leqslant 1$，$(i=l, 2, \cdots, L)$，$\sum P(Di)=1$。

对于两类故障诊断问题，就相当于在识别前已知正常状态 $D1$ 的概率户（$D1$）和异常状态户的概率 $P(D2)$，它们是由先验知识确定的状态先验概率。如果不做进一步的仔细观测，仅依靠先验概率去作决策，那么就应给出下列的决策规则：若 $P(D1)>P(D2)$，则做出状态属于 $D1$ 类的决策；反之，则做出状态属于 $D2$ 类的决策。例如，某设备在365天中，有故障是少见的，无故障是经常的，有故障的概率远小于无故障的概率。因此，若无特别明显的异常状况，就应判断为无故障。显然，这样做对某一实际的待检状态根本达不到诊断的目的，这是由于只利用先验概率提供的分类信息太少了。为此，我们还要对系统状态进行状态检测，分析所观测到的信息。

2. 贝叶斯决策的类型

（1）先验分析：指决策者详细列出各种自然状态及其概率、各种备选行动方案与自然状态的损益值，并根据这些信息对备选方案做出抉择的过程。

（2）预后验分析：是后验概率决策分析的一种特殊形式的演算。它有两种形式：扩大型预后验分析和常规型预后验分析。

（3）后验分析：在完整的贝叶斯决策过程中，在正式进行补充信息的调查之前，还需要根据先验概率以及各种可能发生的补充信息的结果，估计后验概率，计算完全信息的期望值和补充信息价值的期望值，比较收集补充信息所需的费用和收益，对是否值得进一步收集补充信息的问题作出判断，并选择最佳的收集补充信息的方案。这一环节被称为后验预分析。

根据预后验分析，如果认为采集信息和进行调查研究是值得的，那么就应该决定去做这项工作，一旦取得了新的信息，决策者就结合这些新信息进行决策分析。结合运用这些信息并修正先验概率，称为后验分析。

（4）序贯分析：是包括有多阶段的信息搜集和数值计算的情况。它包括一系列的先验分布和预后验分布、采集新的信息和作出后验分析和决策。

预后验分析与后验分析的区别：预后验分析从未进行调查研究；后验分析是在调查研究取得新信息之后，根据实际调查结果进行分析。

思考题：

1. 统计决策的定义是奥运会是什么？
2. 统计决策的基本步骤是什么？
3. 完全不确定型决策准则是什么？
4. 自然状态概率分布如何估计？
5. 贝叶斯决策的定义是什么？

参考资料：

1.《统计学案例集》，董逢谷，上海财经大学出版社，2002，新世纪高校经济学管理学核心课教辅用书

2.《新编统计学原理》，陈嗣成、冯虹，首都经济贸易大学出版社，2001 年 9 月

3.《统计学原理》,李洁明，祁新娥，复旦大学出版社，2004 年 11 月第三版

4.《统计学》，徐国祥，上海财经大学出版社

5.《统计学》，贾俊平，中国人民大学出版社

第10章 国民经济核算基础

● **主要内容：**

1. 国民经济核算体系的概念
2. 国民经济核算体系的基本框架
3. 国民经济核算体系中的常用基本概念
4. 国民经济核算的对象
5. 国民经济核算的原则
6. 国民经济核算体系的作用
7. 世界上两大核算体系的形成和发展
8. 我国国民经济核算体系的建立和发展
9. 国民经济核算体系的主要指标
10. 国民经济核算体系的核算内容

◇ **引导案例：**

美国经济学家萨缪尔森(经济学诺贝尔奖获得者)和诺德豪斯在他们的著名教科书《经济学》中指出：国内生产总值是20世纪最伟大的发明之一。与太空中的卫星能够描述整个大陆的天气情况非常相似，国内生产总值能够提供经济状况的完整图像，它能够帮助总统、国会和联邦储备委员会判断经济是在萎缩还是在膨胀，是需要刺激还是需要控制，是处于严重衰退还是处于通涨威胁之中。没有像国内生产总值这样的总量指标，政策制定者就会陷入杂乱无章的数字海洋而不知所措。国内生产总值和有关数据就像灯塔一样，帮助政策制定者引导经济向着主要的经济目标发展。这里的国内生产总值指标作为国内生产总值核算的核心指标，常被公认为是衡量一个国家或地区经济运行状况的最重要指标之一。而国内生产总值核算是国民经济核算体系的重要组成部分。由此引入一个新的统计核算领域——国民经济核算体系。

§10.1 国民经济核算体系

§10.1.1 国民经济核算体系的概念和作用

1. 国民经济核算体系的概念

(1)国民经济核算。是以一定的经济理论为指导，综合运用各种统计方法，建立数据体系，用以全面、系统描述和反映一国或地区国民经济核算而制定的标准和规范国民经济全貌及各部门在国民经济总体中的地位、作用及相互联系。

国民经济核算是对一定范围和一定时间的人力、物力、财力资源与利用所进行的计量；对生产、分配、交换、消费所进行的计量；对经济运行中形成的总量、速度、比例、效益所进行的计量。一个国家或一个地区、部门、企业在一定时期拥有多少人力、物力、财力；怎样利用它们进行经济、科技、社会活动；取得多少成果、形成多少收入；国家、集体、个人三者之间如何进行分配；积累与消费比例如何；投入与产出、供给与需求、部门与部门、环节与环节之间的比例是否协调；纵向、横向比较，发展变化如何，等等，都需要采用科学的方法进行测量和计算。这种测量和计算，就是国民经济核算。

国民经济核算有两种含义：一是广义的，包括统计核算、会计核算、业务核算。它们相辅相成，分工协作，有机地组成国民经济核算体系；二是狭义的，仅指国民经济综合平衡统计核算。国民经济核算可区分为五个层次，即企业（单位）的经济核算、部门（行业）的经济核算、地区的经济核算、全国的经济核算、国际的经济核算。

（2）国民经济核算体系。它有两层涵义：一是指国际组织或国家（地区）为统一国民经济核算而制定的标准和规范。明确规定一系列核算概念、原则及分类标准，制定一套反映国民经济运行的指标体系和计算方法，以及相应的平衡表、账户、矩阵等具体表现形式，从而形成一套完整核算标准和规范。二是指国民经济核算资料。它是遵循国民经济核算标准和规范，对一国或地区一定时期国民经济运行情况及其结果进行全面系统的测算的结果。

2. 国民经济核算体系的基本框架

中国国民经济核算体系由基本核算表、国民经济账户和附属表三部分构成。

基本核算表包括国内生产总值表、投入产出表、资金流量表、国际收支表和资产负债表；国民经济账户包括经济总体账户、国内机构部门账户和国外机构部门账户；附属表包括自然资源实物量核算表和人口资源与人力资本实物量核算表。基本核算表和国民经济账户是本体系的核心内容，附属表是对基本核算表和国民经济账户的补充。（见下图）

3. 国民经济核算体系中的常用基本概念

（1）常住单位。在我国的经济领土上具有经济利益中心的经济单位称为我国的常住单位。这里所说的经济领土由我国政府控制的地理领土组成，它包括我国大陆的领陆、领水、领空，以及位于国际水域，但不包括我国具有捕捞和海底开采管辖权的大陆架和专属经济区；它还包括我国在国外的所谓领土“飞地”，即位于其他国家，通过正式协议为我国政府所拥有或租借、用于外交等目的、具有明确边界的地域，如我国驻外使馆、领馆用地；不包括我国地理边界内的“飞地”，即位于我国地理领土范围内，通过正式协议为外国政府所拥有或租借、用于外交等目的、具有明确边界的地域，如外国驻华使馆、领馆用地及国际组织用地。一国经济单位在我国的经济领土范围内具有一定的场所，如住房、厂房或其他建筑物，从事一定规模的经济活动并超过一定时期（一般为一年），则该经济单位在我国具有经济利益中心。

一个法人企业，如果它的全部经济活动发生在我国经济领土范围内，那么它就是我国的常住单位。一个企业虽然它的经济活动并非全部发生在我国的经济领土范围内，但在我国经济领土内建立了子企业，从事生产经营活动一年以上，则该子企业也是我国的一个常住单位。一个住户，如果它在我国的经济领土范围内拥有住房，该住房为它的主要住所，则认为是我国的常住单位。一个政府单位是它行使管辖权的经济领土范围内的常住单位。中央政府组成单位，包括位于国外的使馆、领馆等，均为我国的常住单位。常住单位也称常住机构单位。

- 中国国民经济核算
  - 基本表核算表
    - 国内生产总值表
      - 国内生产总值表
      - 生产法国内生产总值
      - 收入法国内生产总值
      - 支出法国内生产总值
    - 投入产出表
      - 供给表
      - 使用表
      - 产品部门×产品部门
    - 资金流量表
      - 实物交易表
      - 金融交易表
    - 国际收支表
      - 国际收支平衡表
      - 国际投资头寸表
    - 资产负债表
      - 期初资产负债表
      - 期末资产负债表
  - 国民经济账户
    - 经济总体账户
      - 生产账户
      - 收入分配及支出账户
      - 资本账户
      - 金融账户
      - 资产负债账户
    - 国内机构部门账户
      - 生产账户
      - 收入分配及支出账户
      - 资本账户
      - 金融账户
      - 资产负债账户
    - 国外部门账户
      - 经常账户
      - 资本账户
      - 金融账户
      - 资产负债账户
  - 附属表
    - 自然资源实物量核算表
    - 人口资源与人力资本实物量核算表

中国国民经济核算体系基本框架

(2)生产范围。国民经济核算的生产范围包括以下三部分:第一，生产者提供或准备提供给其他单位的货物或服务的生产;第二，生产者用于自身最终消费或固定资本形成的所有货物的自给性生产;第三，自有住房提供的住房服务和付酬家庭雇员提供的家庭服务的自给性生产。

因此，生产范围包括所有货物的生产，不论是对外提供的货物还是自产自用的货物。而服务的生产，则基本上限于对外提供的部分；自给性服务，除了自有住房服务和付酬家庭雇员提供的家庭或个人服务外，则被排除在生产范围之外。被排除在生产范围之外的自给性服务是指住户成员为本住户提供的家庭或个人服务，如清扫房屋、做饭、照顾老人、教育儿童等等。

(3)消费范围。生产范围决定消费范围，用于最终消费的货物和服务只能是生产范围内所包括的货物和服务。生产范围包括所有货物的生产和除住户成员为本住户提供的家庭或个人服务之外的所有服务的生产，从而消费范围也限于包括在上述生产范围内的货物和服务。

(4)资产范围。国民经济核算中的资产是根据所有权的原则界定的经济资产，也就是说，资产必须为某个或某些单位所拥有，其所有者因持有或使用它们而获得经济利益。根据这个定义，金融资产和由生产过程创造出来的固定资产、存货等，以及某些不是经过生产过程创造出来的自然产生的资产（如土地、矿藏、森林、水资源资产等），只要某个或某些单位对这些资产有效地行使所有权，并能够从中获得经济利益，都属于资产范畴。资产范围中不包括诸如大气或公海等无法有效地行使所有权的那些自然资源与环境，以及尚未发现或难以利用的矿藏，即一定时期内，鉴于它们本身的状况和现有的技术不能为其所有者带来任何经济利益的资源与环境。

(5)流量和存量。流量是指某一时期发生的量，存量是指某一时点的量。期初存量与本期流量之和，形成期末存量。经济中的许多流量都有与其直接对应的存量，如金融资产流量与金融资产存量相对应，但也有一些流量没有直接对应的存量，如进出口、工资等。

(6)市场价格。市场价格是市场上买卖双方认定的成交价格，生产者价格和购买者价格都是市场价格。

生产者价格等于生产者生产单位货物和服务向购买者出售时获得的价值，包括开给购买者发票上的增值税或类似可抵扣税。该价格不包括货物离开生产单位后所发生的运输费用和商业费用。

购买者价格是购买者购买单位货物和服务所支付的价值，包括购买者按指定的时间和地点取得货物所发生的运输和商业费用。购买者价格等于生产者价格加上购买者支付的运输和商业费用，再加上购买者缴纳的不可扣除的增值税和其他税。

4. 国民经济核算的对象

(1)机构单位及分类。机构单位是指有权拥有资产和承担负债，能够独立地从事经济活动并与其他实体进行交易的经济实体。机构单位具有以下基本特点：

① 有权独立拥有货物和资产，能够与其他机构单位交换货物或资产的所有权；

② 能够做出直接负有法律责任的经济决定和从事相应的经济活动；

③ 能以自己的名义承担负债、其他义务或未来的承诺，并能签订契约；

④ 能够编制出包括资产负债表在内的一套在经济和法律上有意义的完整账户。

在现实经济生活中，具备机构单位条件的单位主要有两类：一类是住户，一类是得到法律或社会承认的法律实体或社会实体。国家统计局有关划分基本单位的规定中把后一类称为法人单位，具体统计包括企业单位、事业单位、机关（行政）单位、社会团体单位、基层群众自治组织和其他单位。

机构单位有两种分类：在市场经济中，机构单位根据经济活动的市场特征可分为两类：一是营利性机构单位和非营利性机构单位。营利性机构单位是以营利为目的，而非营利机构单位则不以营利为目的；二是常住机构单位和非常住机构单位。常住机构单位简称常住单位，是指在一国或地区经济领土内具有经济利益中心的经济单位；非常住机构单位则是作为国外来处理的。因此，常住机构单位和非常住机构单位是划分国内经济活动和国外经济活动核算的基本依据。

(2)机构部门和分类。国民经济机构单位根据其主要经济职能、行为和目的的基本特征分类形成国民经济机构部门。国民经济核算体系把所有常住机构单位划分为五个大机构部门即非金融企业部门、金融机构部门、政府部门、为居民服务的非营利机构部门和住户部门。由非常住单位组成的国外部门也视同为机构部门，指与该国从事经济活动的全部非常住机构单位。

国民经济机构部门是国民经济活动的主体，因而这些机构部门及其经济活动构成国民经济核算的主要对象。

非金融企业与非金融企业部门:非金融企业指主要从事市场货物生产和提供非金融市场服务的常住企业，它主要包括从事上述活动的各类法人企业。所有非金融企业归并在一起，就形成非金融企业部门。

金融机构与金融机构部门:金融机构指主要从事金融媒介以及与金融媒介密切相关的辅助金融活动的常住单位，它主要包括中央银行、商业银行和政策性银行、非银行信贷机构和保险公司。所有金融机构归并在一起，就形成金融机构部门。

政府单位与政府部门:政府单位指在我国境内通过政治程序建立的、在一个特定区域内对其他机构单位拥有立法、司法和行政权的法律实体及其附属单位。政府单位的主要职能是利用征税和其他方式获得的资金向社会和公众提供公共服务;通过转移支付，对社会收入和财产进行再分配。它主要包括各种行政单位和非营利性事业单位。所有政府单位归并在一起，就形成政府部门。

住户与住户部门:住户指共享同一生活设施、部分或全部收入和财产集中使用、共同消费住房、食品和其他消费品与服务的常住个人或个人群体。所有住户归并在一起，就形成住户部门。

非常住单位与国外部门:所有不具有常住性的机构单位都是非常住单位。将所有与我国常住单位发生交易的非常住单位归并在一起，就形成国外部门。对于国外部门来说，并不需要核算它的所有经济活动，只需核算它与我国常住机构单位之间的交易活动。

(3)基层单位及分类。国民经济基层单位是国民经济核算体系中为了进行生产核算和投入产出分析确定的基本核算单位，在我国统计部门也称为产业活动单位。

所谓产业活动单位是指在一个地点，从事一种或主要从事一种类型生产活动并具有收入和支出会计核算资料的生产单位。产业活动单位是为生产核算而设立的，其目的在于比较准确地反映各种类型产业活动的生产规模、结构等。产业活动单位应同时具备以下三个条件:

① 地点的惟一性。如果一个单位在不同的地点从事生产活动，哪怕是同一种类型生产活动，也要划分为不同的产业活动单位。

② 生产活动的单一性。一个产业活动单位要么只从事一种类型生产活动，要么虽然允许有一种以上的生产活动，但主要活动在单位的增加值中占有绝对大的比重，也就是说，所有次要活动的总体规模与主要活动相比是很小的。

③ 具有收入和支出会计核算资料。国民经济核算体系根据新的国民经济行业分类标准和统计基础情况确定产业部门分类。随着统计基础的改善，产业部门的分类要逐步细化，以更好地满足宏观经济管理、社会公众和对外交流工作的需要。

(4)产业部门及分类。国民经济基层单位根据生产产品或服务的同质性分类形成国民经济产业部门，在我国习惯称国民经济行业部门。国民经济产业部门分类也是有许多层次的，综合分类是三次产业分类。

第一产业，主要是农业，包括种植业、林业、牧业、渔业等。

第二产业，主要是工业和建筑业，包括采掘业、制造业、自来水、电力、蒸汽、热水、煤气等和建筑业。

第三产业，主要是流通和服务业，包括交通运输业、邮电通讯业、商业饮食业、物资供销和仓储业、金融、保险业、地质普查业、房地产、公用事业、居民服务业、旅游业、咨询信息和技术服务业、教育、文化、广播电视事业、科学研究事业、卫生体育和社会福利事业、国家机关等。

国民经济产业部门及其经济活动是国民经济生产核算的主要对象，也是分析产业结构的重要基础。

(5)国民经济活动中的交易及分类。交易是市场经济活动的内容，也是国民经济核算的对象。在市场经济中，国民经济活动的交易是机构单位之间根据市场经济原则相互协议而进行的经济活动。从性质上定义，交易包括经济权益的创造、转移，具体性质的改变和消失。

国民经济活动中的交易主要是以下几大类：

① 货物和服务交易。货物和服务统称为产品，因而又称产品交易，产品是生产的结果，产品交易是说明产品的来源和使用。

② 分配交易。它是指由生产创造的增加值形成收入初次分配给劳动力、资本和政府的交易，以及收入和财富的再分配交易。

③ 金融交易。它是指各类金融资产的净获得(净购买)或负债的净发生过程中债权与债务资金上的交易。

④ 内部交易。为了保证国民经济核算在生产、分配、消费、积累过程上的系统性和一致性，对于企业或基层单位生产者自行生产自己使用的产品或服务作为企业或基层单位的内部交易看待。

⑤ 货币交易与非货币交易。国民经济活动中的经济交易一般有两种情况：一是以货币进行的交易，称为货币交易；另一是以易货的形式或以实物形态的转移方式进行的，如产品或服务的易货交易、企业支付给职工的实物报酬、由政府免费对居民提供的社会福利等，对这些交易一般称为非货币交易。

(6)经济流量和存量。经济流量反映一定时期内所有经济活动的变化的价值数量，包括生产、分配和再分配(或转移)、交换、流通、使用，以及资产和负债、物量和物价的变化的价值量。经济存量反映某一时点的资产和负债的状况。在国民经济核算中，经济存量主要是期初和期末的资产、负债和净值的持有量。

(7)市场价格与要素价格。市场价格不仅是国民经济核算的同度量因素，而且市场价格水平及其变化的数量特征也是国民经济核算的重要组成部分。

国民经济核算原则上是以现期市场价格计量的，那些非货币交易或内部交易也是按照现期同类产品市场价格计量核算。市场价格的价格形式：基本价格、生产者价格和购买者价格。采用统一的价格形式是保证国民经济核算数据系统一致的重要条件。

要素收入价格是根据劳动报酬、固定资本消耗和营业盈余确定的价格形式。要素价格的理论内涵不仅包括单位产品或服务生产过程的劳动报酬、固定资本消耗、营业盈余，而且还包括其中间投入或称中间消耗的产品(含服务)，内含劳动报酬、固定资本消耗和营业盈余。

(8)基本价格、生产者价格与购买者价格。基本价格是根据要素价格和产品税以外的生产税的构成因素确定的价格形式。

生产者价格是生产者生产单位产品(包括服务)的市场价格,包括要素价格和单位产出的生产税净额。

购买者价格是购买者购买单位产品(包括服务)最终得到的市场价格。与生产者价格相比,它包括从生产者到购买者之间所发生的商业流通费和运输费用。我国国民经济核算体系中使用的购买者价格包括不可抵扣的增值税。

5. 国民经济核算的原则

国民经济核算原则是国民经济核算基本理论的组成部分,它对国民经济核算体系的设计、范围确定、核算的系统一致性等具有直接的指导或决定作用。

(1)市场原则。从市场出发,考虑市场过程和市场活动,以及市场发展变化等,就成为确定国民经济核算范围、分类、账户划分等方面的重要原则,这就是我们简称的市场原则。

(2)所有权原则。所有权原则是确定国民经济核算中资产和负债范围的基本原则。在市场经济活动中,资产和负债是进行生产活动,获取经济利益的根本条件,因此,它必须表现为企业等机构单位或机构部门的所有权,才可能在生产经营等经济活动中产生决定的作用。正由于这个原因,国民经济核算把资产界定为机构单位或机构部门能够行使所有权的统计范围,负债与资产相对应,这就是简称的所有权原则。

(3)三等价原则。三等价原则是指国民经济运行过程中国民生产、国民(原始或可支配)收入、国民(最终)支出之间的总量平衡关系的等价统计原则。三等价原则是确定国民经济生产、收入分配、消费和积累核算一致性的重要原则。

(4)权责发生制原则。在国民经济核算中,各种交易的记录时间是按照权责发生制原则来确定的,即交易在债权债务发生、转移或取消的时间记录。这一原则适用于各种交易,包括同一机构部门内部的交易。权责发生制原则意味着交易在其实际发生时记录,而不是在相应的收入与支付发生时记录。

(5)估价原则。在国民经济核算中,各种交易、资产和负债的记录价格,遵循以下规定,凡发生货币支付的交易,都按交易双方认定的成交价格,即市场价格来估价;没有发生货币支付的交易,如同一机构单位内部的交易(如自制设备、自给性消费等),按市场上相同货物和服务的市场价格或按所发生的实际成本来估价。

6. 国民经济核算体系的作用

(1)国民经济核算是反映国民经济运行状况的有效工具。国民经济是一个极其复杂的运行系统,不同部门、不同环节之间存在着复杂的经济联系,准确地了解和把握这个系统是不容易的,需要借助一种行之有效的工具,国民经济核算就是这样一种工具。它通过一系列科学的核算原则和方法把描述国民经济各个方面的基本指标有机地组织起来,为复杂的国民经济运行过程勾画出一幅简明的图像,大大提高了人们了解和把握经济运行的能力。

(2)国民经济核算是宏观经济管理的重要依据。社会主义市场经济条件下的宏观经济管理主要是通过规划、计划和一系列宏观经济政策来引导和协调国民经济持续、健康、稳定和快速发展。国民经济核算提供的关于整个国民经济运行状况的系统而详细的数据是制定这些规划、计划和政策的重要依据。如果没有国民经济核算提供的有关生产、收入分配、消费、投资、对外经济往来等方面的基础数据，中长期规划和年度计划，财政政策、金融政策、产业政策、收入分配政策、对外经济政策等一系列经济政策的制定是不可想像的。

(3)国民经济核算是制定和检验国民经济计划的科学方法。国民经济计划和规划涉及一系列宏观经济指标，这些指标所代表的经济现象彼此之间不是孤立的，而是具有内在的经济联系。为了符合经济发展的客观规律，计划和规划指标数量的确定也必须满足这种内在联系。国民经济核算系统地反映了相关指标之间的内在联系，因而是制定和检验国民经济计划的科学方法。

(4)国民经济核算是微观决策的重要依据。在社会主义市场经济条件下，企业和居民住户需要进行生产、消费和投资决策，国民经济核算也是它们的重要决策依据之一。国民经济核算部门能否提供准确和丰富的国民经济核算信息直接影响到他们的决策和决策的科学性。

(5)国民经济核算影响到我国的经济利益和政治利益。国民经济核算数据在一定程度上决定了我国承担的国际义务和享受的优惠待遇，决定了我国在国际社会所能发挥的作用。例如，联合国根据连续六年的国民生产总值和人均国民生产总值来决定一个国家的会费；世界银行根据人均国民生产总值来决定一个国家所能享受的硬贷款、软贷款等优惠待遇；国际货币基金组织根据国民生产总值、黄金与外汇储备、进出口额、出口额占国民生产总值的比例等因素来决定一个国家在基金的份额，进而决定在基金的投票权、分配特别提款权的份额及向基金借款的份额。

(6)国民经济核算影响到党和政府的声誉。国民经济核算提供的关于国民经济运行状况的数据既是制定新的宏观经济政策的重要依据，也是检验过去的宏观经济政策科学性的手段。我们的党是执政党，我们所从事的国民经济核算工作是政府工作的组成部分，如果我们的国民经济核算搞不好，如果我们所提供的国民经济核算数据不准确，存在虚报浮夸等不真实的因素，长此以往，就有可能失信于民，这不仅影响到我国国民经济核算部门的声誉，也不仅影响到我国统计部门的声誉，而且要影响到政府的声誉。

(7)国民经济核算是经济统计的基本框架。不同类型的经济统计必须建立在一个统一的基本框架下，彼此之间才能表现出一致性，才能发挥出整体功能作用。国民经济核算就是这样的基本框架，它对各种不同类型经济统计的基本概念、基本分类和指标设置提出了统一的要求，从而使得这些经济统计在满足国民经济核算要求的同时，实现彼此之间的相互衔接，使整个经济统计形成一个统一的整体，增强其应用功能。

(8)国民经济核算是协调经济统计数据的重要手段。如果孤立地看每种类型经济统计数据，很难发现它本身所存在的问题以及它与有关其他类型经济统计数据是否一致。当我们把各种不同类型经济统计数据放在国民经济核算这个统一的基本框架下时，就很容易发现和解决问题，并实现不同类型经济统计数据之间的相互衔接。

知识连接:国民经济核算体系的作用

之一,国内生产总值与宏观经济运行状况的判断

经济增长率、通货膨胀率和失业率是判断宏观经济运行状况的三个主要指标。这些指标都与国内生产总值有十分密切的联系。经济增长率指的就是不变价国内生产总值增长率(简称国内生产总值增长率)。通货膨胀率一般是用国内生产总值缩减指数或居民消费价格指数来衡量的。国内生产总值缩减指数是给定时期的现价国内生产总值与同期不变价国内生产总值之间的比率,它反映了所有商品(包括货物和服务)在基期与当期之间的价格变化情况。消费价格指数反映的是消费者购买的消费品的价格变化情况。显然,国内生产总值缩减指数的代表性比消费价格指数更为广泛,因为它不仅反映了消费者购买的消费品的价格变化情况,还反映了生产者购买的投资品的价格变化和进出口产品的价格变化情况。因此,作为反映一个国家或地区价格综合变动情况的通货膨胀率,国内生产总值缩减指数比消费价格指数更全面。

失业率与经济增长率有密切的联系。奥肯在对美国经济增长率与失业率之间的关系进行研究之后揭示出如下规律:

$$\triangle u = -0.5(y-2.25)$$

公式中的$\triangle u$表示失业率的变化,y表示经济增长率。

这就是著名的奥肯定律。它表明,当经济增长率高于2.25%时,失业率将下降。在此基础上,经济增长率每增加一个百分点,失业率就会下降半个百分点。当经济增长率低于2.25%时,失业率将上升。在此基础上,经济增长率每减少一个百分点,失业率就会上升半个百分点。

奥肯定律就经济增长率与失业率的变化之间的关系给出了一个估算规则。通过奥肯定律,我们能够得出这样一个基本结论:失业率与经济增长率之间具有密切的联系,通过经济增长率可以对失业率进行大致的判断。

之二,国内生产总值与宏观经济管理

自从国家统计局建立起相应的核算制度以来,国内生产总值核算已经成为我国宏观经济管理部门了解经济运行状况的重要手段,是制定经济发展战略、中长期规划、年度计划和各种宏观经济政策的重要依据。例如,中国共产党的十四届五次会议提出的到2000年,在我国人口比1980年增长3亿左右的情况下,实现人均国内生产总值比1980年翻两翻的战略目标。党的十七大提出在优化结构、提高效益、降低消耗、保护环境的基础上,实现人均国内生产总值到2020年比2000年翻两番。这些都是建立在国内生产总值核算和对经济发展情况的预测基础上的。

1998年以来,我国采取积极的财政政策和稳健的金融政策,与我国国内生产总值核算反映出来的经济增长率下滑,最终需求不足有十分密切的关系。而2007年中央经济工作会议在部署2008年经济工作时明确提出,要实施稳健的财政政策和从紧的货币政策,这种转变同样与我国国内生产总值核算反映出来的由投资和出口拉动的经济增长偏快、流动性过剩、通胀压力过大有十分密切的关系。

之三,国内生产总值与对外交往

1. 国内生产总值与我国承担的国际义务

许多国际组织都要求其成员国交纳会费或进行捐款。这些会费或捐款往往都与国内生产总值有密切的联系。例如，联合国会费比额的计算公式如下：

联合国会费比额 ＝ 一国 *GNP* 占世界 *GNP* 比例 ×(1－宽减率)

宽减率＝(世界人均 *GNP* － 该国人均 *GNP*)÷世界人均 *GNP* ×85%

从上述公式可以看出，联合国会费比额与一个国家的国民生产总值总量和人均国民生产总值有密切的联系。这充分反映了一个国家所承担的国际义务与国民(内)生产总值的关系。

2. 国内生产总值与一个国家享受的优惠待遇

一个国家在国际上享受的优惠待遇也往往与国内生产总值有密切的联系。例如，在国际上能否享受某些优惠待遇往往与世界银行关于国家收入等级的分类有关。世界银行 1999 年关于收入等级的分类标准如下：低收入国家：人均国民生产总值在 755 美元以下；中低收入国家：在 756 至 2995 美元之间；中高收入国家：在 2996 至 9265 美元之间；高收入国家：在 9266 美元以上。

世界银行按 1999 年人均国民生产总值确定的一些优惠政策：(1)人均国民生产总值在 755 美元以下，能够享受软贷款和 7.5%的土建工程招标优惠政策；(2)在 756 至 1445 美元之间，能够享受软贷款和 20 年期的硬贷款；(3)在 1446 至 2995 美元之间，能够享受 17 年期的硬贷款；(4)在 2996 至 5225 美元之间，能够享受 15 年期的硬贷款；(5)在 5226 美元以上，不再享受硬贷款。尽管这些政策在执行中有出入，但从中可以看出国民生产总值在世界银行确定优惠政策方面所起的作用。

3. 国内生产总值与在国际组织所能发挥的作用

一个国家在国际组织所能发挥的作用也往往与国内生产总值有密切的联系。例如，国际货币基金组织的成员国要向基金认缴一定的份额，成员国在基金的份额决定其在基金的投票权、分配特别提款权的份额及向基金借款的份额。各成员国份额的大小由基金理事会决定，综合考虑成员国的国民生产总值、黄金与外汇储备、进出口额、出口额占国民生产总值的比例等。2001 年 2 月 5 日，基金组织理事会通过投票决定将中国在基金的份额由原来的 46.872 亿特别提款权(约合 61 亿美元)，提高到 63.692 亿特别提款权(约合 83 亿美元)，从而使中国在基金的份额由原来的第 11 位提高到第 8 位。这表明中国在基金所能发挥的作用在上升。

§10.1.2 世界上两大核算体系的形成和发展

1. 物质产品平衡表体系(*MPS*)和国民账户体系(*SNA*)

国际上曾经同时存在过两大国民经济核算体系：一个是产生于前苏联、东欧高度集中的计划经济国家的物质产品平衡表体系，简称 *MPS*，又称东方体系；一个是产生于西方发达市场经济国家的国民账户体系，简称 *SNA*，又称西方体系。

MPS 是由前苏联创立的。从 20 世纪 20 年代中期开始，苏联为适应激化经济管理的需要，开始编制国民经济平衡表，30 年代初形成了体系，50 年代已基本定型，并逐步推广到原东欧经互会国家。物质产品平衡表体系是世界上第一个官方核算体系。1977 年，联合国统计委员会正式制定并公布了《国民经济平衡表基本原理》，即所谓旧 *MPS*。此后，东欧各国相继

推行了经济体制改革，各国经济形势发生了巨大变化。旧*MPS*不能完全适应国家宏观管理和国际比较的需要。1984年，经互会统计合作常设委员会对*MPS*进行了重大修订，并交由联合国发表了题为《编制国民经济统计平衡表的基本方法原则》的文件，从而形成了所谓新*MPS*。1990年以后，随着前苏联解体，东欧国家转型，同时也由于*MPS*自身的缺陷，这一体系被联合国统计委员会宣布弃用，原使用国家着手核算制度的改革，向*SNA*过渡。

*SNA*是第二次世界大战前后发展起来的。1929年-1933年世界经济危机之后，凯恩斯提出新的经济理论，主张政府要干预经济生活，改变过去的自由放任状态。政府要干预经济，必须了解整个国家的经济现状。因此，以一国的国民经济为整体，组织国民经济核算就显得非常重要。在凯恩斯的指导下，以剑桥大学斯通教授为首的专家们，开展了以国民经济为整体的国民经济核算的研究。1947年，斯通在《国民收入的计量和社会核算账户的建立》中提出了以五大部门为核算主体的社会核化算体系。此后，美国经济学家列昂捷夫提出了投入产出核算。库兹涅茨提出了国民生产总值核算，为国民经济账户体系的建立打下了良好的基础。1953年，联合国统计委员会出版了以斯特为首的国际统计专家小组的主要研究成果：《国民经济账户体系和辅助统计表》，这就是著名的旧*SNA*，它标志着西方核算体系的形成。10多年后，由于世界各国国民经济核算内容不断扩大和完善，联合国又组织以斯通为主席的专家小组对旧*SNA*进行了补充和修订，于1968年公布了新国民经济核算方案《国民账户体系》，即新*SNA*。

到20世纪90年代初，世界政治局势发生了巨大变化，原使用*MPS*的国家或改变政体，或进行经济体制改革，从而感到了*MPS*的局限与不足。为此，联合国又组织了对新*SNA*的修订。1993年，联合国第三世界国家27届统计委员会会议通过了修改方案，并通过决议，取消*MPS*，确定*SNA*为世界各国共同采用的国民经济核算体系。

2. *MPS*与*SNA*的区别

（1）理论依据和核算范围不同。*MPS*运用的是物质生产和非物质生产概念。*SNA*依据凯恩斯的宏观经济理论，运用的是综合生产概念。*MPS*认为，只有物质生产才是生产，只有物质生产部门才创造社会财富，只有物质生产部门的劳动成果才是社会产品，才能列入其核算范围。物质生产部门指农业、工业、建筑业、商业饮食业和货物运输业。除此以外的非物质生产部门，如文化、教育、医疗、卫生、体育、金融、保险、公共事业以及政府部门等所提供的服务，不创造社会财富，它们的劳动不是生产活动，其劳动成果不能作为社会产品列入其核算范围。而*SNA*认为，无论是提供货物的物质生产部门，还是提供服务的非物质生产部门，它们的劳动都是社会生产活动，它们都创造社会财富，它们的劳动成果既包括货物，也包括劳务，都应纳入其核算范围。因此，*SNA*对国民经济总量的核算更完整、更全面。

（2）核算内容不同。*MPS*实质上是一种实物核算体系，主要描述社会再生产实物运动，对资金运动缺乏系统的描述；*SNA*增加了有关收入支出以及资金流量和存量方面的核算内容，与其它部分的核算内容结合起来，更全面地反映了国民经济的运行过程。

（3）核算方法不同。*MPS*采用横向或纵向平衡法设置一系列平衡表，比较直观，但平衡表之间缺乏有机联系，整个结构不严密。*SNA*采用复式记账法，运用账户、矩阵等核算形式，把社会再生产的不同阶段、不同侧面的经济流量与存量联系起来，组成了结构严谨、逻辑严密的核算体系。

3. 我国国民经济核算体系的建立和发展

中国国民经济核算的历史实际上是从 *MPS* 向 *SNA* 过渡的历史。具体说来，中国国民经济核算历史经历了三个阶段：*MPS* 体系的建立和发展阶段，*MPS* 体系与 *SNA* 体系并存阶段，在 *SNA* 体系下的发展阶段。

(1) *MPS* 体系的建立和发展阶段(1952－1984 年)

1952 年，刚刚成立的国家统计局在全国范围开展了工农业总产值调查，从此开始了我国工农业总产值核算。后来，又从工农业总产值核算扩大到农业、工业、建筑业、交通运输业和商业饮食业五大物质生产部门总产值，即社会总产值核算。从 1954 年开始，国家统计局在学习前苏联国民收入统计理论和方法的基础上开展了我国国民收入的生产、分配、消费和积累核算。这些核算为当时的国民经济计划和管理提供了重要依据。例如，薄一波同志在 1956 年召开的党的第八次全国代表大会上根据国民收入和财政收支等资料，提出了“二、三、四”比例关系，即积累占国民收入 20% 左右，财政收入占国民收入 30% 左右，基本建设投资占财政支出 40% 左右。这些重要的比例关系在当时的国民经济计划和管理工作中起到了重要的指导作用。

1956 年，国家统计局派团对前苏联国民经济核算工作进行了全面考察，随后在中国全面推行 *MPS* 体系。先后编制了社会产品生产、积累和消费平衡表，社会产品和国民收入生产、分配、再分配平衡表，劳动力资源和分配平衡表等 *MPS* 体系中的一系列重要表式。不幸的是，正当这些平衡表的编制工作刚刚起步的时候，恰逢大跃进时期的反教条主义运动。这些平衡表的编制工作受到了批判，并以过分繁琐为由停止了多数平衡表的编制。中国的国民经济核算工作遭受了第一次大挫折。“文化大革命”期间，中国的国民经济核算工作遭受了第二次大挫折。这期间，统计机构被撤销，统计工作人员被下放，国民经济核算工作完全陷入停顿状态。“文化大革命”之后，中国的国民经济核算工作陆续恢复和发展。首先恢复了 *MPS* 体系的国民收入核算，随后又编制出两张 *MPS* 体系的全国投入产出表，即 1981 年投入产出表和 1983 年投入产出表。这些核算表在改革开放初期的国民经济计划和管理工作中发挥了重要作用。

(2) *MPS* 体系与 *SNA* 体系并存阶段(1985－1992 年)

随着改革开放的深入和国民经济的发展，继续沿着 *MPS* 的方向恢复和发展中国的国民经济核算已经不能满足国家宏观经济管理工作的需要。在这种情况下，我国在继续开展 *MPS* 核算的同时，逐步研究和开展 *SNA* 核算。1985 年，开始 *SNA* 体系的国内生产总值核算；1987 年，开始编制 *SNA* 体系的投入产出表；1992 年，开始编制 *SNA* 体系的资金流量表。

与此同时，从 1984 年起，国务院成立了专门机构，组织领导新国民经济核算体系的研究设计工作。在这一机构的领导下，国家统计局会同有关部门在总结我国当时的国民经济核算实践经验和理论研究成果的基础上，制定了《中国国民经济核算体系(试行方案)》。该方案采纳了 *SNA* 的基本核算原则、内容和方法，保留了 *MPS* 体系的部分内容，是一个 *MPS* 与 *SNA* 的混合性体系。1992 年 1 月，国务院组织有关方面专家进行了论证，通过了这一方案。同年 8 月，国务院办公厅发出《关于实施新国民经济核算体系方案的通知》，要求在全国范围内分步实施这一体系。

(3)在 *SNA* 体系下的发展阶段(1993 年至今)

从 1993 年起，以取消 *MPS* 的国民收入核算为标志，中国国民经济核算实际上已经从 *MPS* 体系和 *SNA* 体系并存阶段，进入了 *SNA* 体系的发展阶段。在这一阶段，我国开始编制 *SNA* 体系的资产负债表和国民经济账户，并且对整个国民经济核算制度方法进行了不断的改革。从 1999 年开始，在总结 1992 年以来国民经济核算制度方法改革成果和实践经验、深入研究最新国际标准——1993 年 *SNA* 的基础上，国家统计局对《中国国民经济核算体系(试行方案)》进行了系统的修订，取消了 *MPS* 的核算内容，清理了基本概念，修订了基本框架，调整了有关表式的指标设置，使之建立在 1993 年 *SNA* 的基础上。新方案已经广泛地征求了各方面的意见和建议，经过审定之后，被用于规范和指导一定时期内我国的国民经济核算工作。1995 年全面推行新国民经济核算体系，这标志着我国国民经济核算体系工作正式步入国际一体化的 *SNA* 体系行列。它经过多年实践和修订完善，现在已经成为我国政府统计的重要组成部分，1998 年国家统计局在总结多年实践的基础上，制定了新的国民经济核算体系，并于 1998 年在《中国统计年鉴》中正式定期公布国民经济核算体系统计数据。

§10.2 国民经济核算体系的主要指标

§10.2.1 国内生产总值和国民生产总值

1. 国内生产总值(*GDP*)

是按市场价格计算的。它是指一国或地区所有常住单位在一定时期内(通常指一年)生产活动的最终成果。常被公认为衡量国家经济状况的最重要指标之一。它不但可反映一个国家的经济表现，更可以反映一国的国力与财富。这里，最终成果有两层含义:一是从使用价值形态上看，它包括了一切用于现期消费、投资和净出口的货物和服务，而不包括用于生产过程中的货物和服务;二是从价值形态上看，生产过程也是价值的转移过程，生产中耗用的产品(中间产品)价值随同生产过程转移到新产品价值之中，因此，必须在总产出基础上扣除一切中间产品的转移价值，以避免产品价值的重复计算。国内生产总值是按国土原则核算的生产经营的最终成果。

在核算中，由于国内生产总值有三种不同的表现形态，即价值形态、收入和产品形态。从价值形态看，它是所有常住单位在一定时期内所生产的全部货物和服务价值减去同期投入的全部非固定资产货物和服务价值的差额，即所有常住单位的增加值之和;从收入形态看，它是所有常住单位在一定时期内所创造并分配给常住单位和非常住单位的初次分配收入之和;从产品形态看，它是最终使用的货物和服务减去进口货物和服务。所以也有三种不同的计算方法，即生产法、收入法和支出法。三种方法分别从不同的方面反映了国内生产总值及其构成。

按生产法计算，增加值 = 总产出 - 中间投入。

它是从生产的角度，衡量常住单位在核算期内新创造价值的一种计算方法。全社会各产业部门(所有常住单位)增加值之和就等于国内生产总值。

按收入法计算，增加值=劳动者报酬+生产税净额+固定资产折旧+营业盈余。

收入法也叫分配法，是从生产过程创造收入的角度，根据生产要素在生产过程中应得的收入份额反映最终成果的一种计算方法。收入法反映了增加值的价值构成。

按支出法计算，国内生产总值=总消费+总投资+净出口。也可以表述为：

国内生产总值=最终消费+资本形成总额+货物和服务净出口。

它是从最终使用的角度，衡量核算期内新生产的货物和服务最终去向的一种计算方法。它从国民经济整体出发，反映一个国家核算期内最终需求总规模和结构，最终消费和资本形成总额；反映国内的消费需求和投资需求，货物和服务净出口；反映国外对我国的货物核发的需求。

在国内生产总值三种计算方法中，生产法和收入法是先测算国民经济各行业的增加值，以增加值加总得到国内生产总值；支出法是从国民经济整体的角度观察最终产品的去向，从全社会的角度计算国内生产总值。

通过三种不同方法计算的国内生产总值，在理论上应该是一致的，称为三面等值原则。但在实际操作过程中，由于资料来源不同，不同计算方法所调查的结果会出现差异，成为统计误差，在可接受的范围内这是允许存在的。

2. 国民生产总值(*GNP*)

是按市场价格计算的。它是指一国所有常住单位在一定时期内收入初次分配的最终成果，一国常住单位从事生产活动所分配的增加值在初次分配过程中主要分配给该国的常住单位，但也有一部分以劳动者报酬和财产收入等形式分配给非常住单位，同时，国外生产所创造的增加值也有一部分以劳动者报酬和财产收入等形式分配给该国的常住单位，从而产生了国民生产总值的概念。*GNP* 是按国民原则核算的，只要是本国(或地区)居民，无论是否在本国境内(或地区内)居住，其生产和经营活动新创造的增加值都应该计算在内。

国民生产总值=国内生产总值+来自国外的劳动者报酬+来自国外的财产收入-支付给国外的劳动者报酬-支付给国外的财产收入

3. 国内生产总值与国民生产总值的区别

国内生产总值是一个生产概念，而国民生产总值是一个收入概念。*GDP* 不将国与国之间的收入转移计算在内。也就是说，*GDP* 计算的是一个地区内生产的产品价值，而 *GNP* 则计算一个地区实际获得的收入。

§10.2.2　国内生产净值和国民生产净值

1. 国内生产净值(*NDP*)

一般以市场价格计算，是指一国(地区)常住单位一定时期内所生产的净产品总量。一般是按社会总产品价值扣除全部转移价值计算的。在实物形态上，它表现为各种消费品、服务和用于净投资的生产资料，是国民经济最终产出扣除国民经济固定资产折旧后的产品总量；

在价值形态上，仅指产品价值中的新创价值部分。

国内生产净值 = 国内生产总值 - 固定资产折旧

2. 国民生产净值(*NNP*)

又称国民净收入，一般以市场价格计算，是指一个国家在一定时期内，国民经济各部门生产的最终产品和劳务价值的净值。

国民生产净值 = 国民生产总值 - 固定资产折旧

3. 国内生产净值与国民生产净值的区别

国民生产净值与国内生产净值在内容上基本一致，但也存在区别：性质上国内生产净值是一个生产概念，而国民生产净值是一个收入概念；在计算口径上也略有差异。其计算公式为：

国民生产净值 = 国内生产净值 + 来自国外的原始收入 - 付给国外的原始收入

§10.2.3 国民可支配总收入和国民可支配净收入

1. 国民可支配总收入

是指一国(地区)常住单位在一定时期内获得的可用于最终消费和投资的各项收入。也可定义为各部门当期获得的可用于消费和储蓄的收入。

总收入在初次分配的基础上，通过经常转移的形式进行再次分配，其结果形成了各个部门的可支配总收入，即各个部门属于自己的可支配资金。各机构部门的可支配总收入之和称为国民可支配总收入。

它是衡量一国(地区)常住单位在不举借外债的情况下，可供其支配的最大价值量。

国民可支配总收入 = 国民生产总值 + 经常转移净额。也可以表述为：

国民可支配总收入 = 国民生产总值 + 自国外转移收入 - 对国外转移支出

可支配总收入是一个非常重要的经济总量指标。用以反映各部门参与收入初次分配和再分配的最终结果。

2. 国民可支配净收入

是指一国(地区)常住单位在一定时期内获得的可用于最终消费和投资的各项净收入。它与国民可支配总收入差别仍在于固定资本消耗。

国民可支配净收入 = 国民可支配总收入 - 固定资产折旧

§10.2.4 总投资和总消费

1. 总投资

是指一定时期内固定资产投资与流动资产投资之和。固定资产投资是指国民经济各部门对固定资产的全部投资，包括基本建设投资、更新改造投资和其他固定资产投资以及与工程项目有关的地质勘探和勘察设计的支出等。流动资产投资是指各部门占用的原材料、在产品、产成品和商品库存以及战略物资储备等的增加额。

总投资不同于 *MPS* 中的国民收入积累。主要区别在于，国民收入积累是扩大再生产投资，不包括固定资产折旧，而总投资包括固定资产折旧，是包括扩大再生产投资和简单再生产投资在内的全部投资。

总投资，反映投资的总规模，对于研究投资规模、投资效益、投资结构、投资需求与有效供给之间的关系，有着重要意义。

作为计算资本金基数的总投资，是指投资项目的固定资产投资与铺底流动资金之和，具体核定时以经批准的动态概算为依据。

2. 总消费

是指常住单位在一定时期内对于物质产品和服务的最终消费支出，即国内生产总值中最终用于消费的部分。也就是常住单位为满足物质、文化和精神生活的需要，从本国经济领土或外国购买的货物和服务的消费支出(不包括非常住居民在本国经济领土内的消费支出)。

总消费分为居民消费和社会消费。居民消费指常住居民在一定时期内对于货物和服务的全部最终消费。包括居民以货币直接购买的各种消费品和直接支付的房租、交通、医疗、文教等各种服务费支出;居民本期自产自用的消费品和自有住房的虚拟消费;居民以实物工资形式获得的各种生活消费品等。不包括居民用于购买房屋和生产的支出。社会消费指政府部门的总产出扣除其销售收入后的价值。即政府部门及社会团体等社会公共服务部门用于维持日常工作的一切社会费用支出加固定资产折旧，包括购买的物质产品和服务。

国内生产总值的总消费不同于 *MPS* 中的国民收入消费。前者是包括物质产品和服务消费在内的全部消费支出，后者则仅包括物质产品的消费。总消费从全社会的角度反映了消费的总规模，有利于研究和观察全社会的消费需求与有效供给及消费构成、消费与投资的比例关系等重要问题，为国家制定消费政策提供依据。

§10.3　国民经济核算体系的主要内容

§10.3.1　国内生产总值核算

国内生产总值核算以国内生产总值为核心指标，对国民经济生产与使用指标进行全面系统的核算，综合反映国民经济发展的规模和结构。

国内生产总值表包括国内生产总值总表、生产法国内生产总值表、收入法国内生产总值表和支出法国内生产总值表。它们分别从价值构成、收入形式和使用去向角度，反映国内生产总值的形成过程。

1. 国内生产总值总表及其核算

本表将国内生产总值的生产法、收入法和支出法三种核算方法集中体现在一张表中，从不同的角度反映国内生产总值及其构成。表的左端称为生产方，表的右端称为使用方。

生产方反映生产活动的成果。主栏由生产法和收入法的指标构成。生产法国内生产总值的构成项目包括总产出和中间投入两项。收入法国内生产总值的构成项目分为劳动者报酬、生产税净额、固定资产折旧和营业盈余四项。上述指标间的关系如下：

生产法国内生产总值 = 总产出 - 中间投入

收入法国内生产总值 = 劳动者报酬 + 生产税净额 + 固定资产折旧 + 营业盈余

使用方反映最终生产成果的使用。主栏由支出法的构成指标——最终消费、资本形成总额、净出口构成。其中，最终消费分为居民消费和政府消费；资本形成总额分为固定资本形成总额和存货增加；净出口下设出口和进口。为了保证表中使用方与生产方的平衡，在使用方还专门设置了统计误差项。支出法国内生产总值与其构成项目之间的关系如下：

支出法国内生产总值 = 最终消费 + 资本形成总额 + 净出口

国内生产总值总表左右两端的平衡关系：

生产法国内生产总值 = 收入法国内生产总值 = 支出法国内生产总值 + 统计误差(见附表1)

2. 生产法国内生产总值表及其核算

生产法是从生产过程中创造的货物和服务价值入手，剔除生产过程中投入的中间货物和服务价值，得到增加价值的一种方法。

生产法国内生产总值表直观地反映按生产法计算的各产业部门增加值和国内生产总值，能够全面地反映国民经济各产业部门的生产成果及其在国民经济中所处的地位，以及不同产业部门的投入产出情况。

表的主栏为国民经济行业分类，该分类由粗到细按三个层次划分，第一层为三次产业分组，第二层把三次产业进一步划分为21个次级产业部门，第三层又在第二层分类的基础上再细分出9个次级产业部门。宾栏为增加值、总产出、中间投入，三者之间的关系为：增加值 = 总产出 - 中间投入，各产业部门增加值合计为国内生产总值。

国民经济各产业部门生产法增加值计算公式如下：

增加值 = 总产出 - 中间投入

总产出指常住单位在一定时期内生产的所有货物和服务的价值，既包括新增价值，也包括转移价值。按生产者价格计算。

农林牧渔业总产出采用产品法计算，即凡有产品产量的农产品均按单位产品价格乘产量的方法计算。

工业总产出采用“工厂法”计算。所谓“工厂法”就是以工业企业作为一个整体，按企业工业生产活动的最终成果计算总产出，同一企业内部产品价值不允许重复计算。

建筑业总产出是从施工企业和自营建设单位的建筑生产活动角度入手直接计算。

交通运输仓储和邮政业总产出等于其营业收入。

批发和零售业总产出等于商业附加费，即商品销售收入净额减去商品销售成本。

住宿和餐饮业的总产出等于其营业收入。

银行业总产出等于金融媒介服务活动的虚拟服务收入加实际服务费收入。其中，虚拟服务收入等于利息收入减去利息支出的差额，但应扣除银行业利用自有资金获得的利息收入，实际服务费收入为手续费收入和其他业务收入。银行业总产出的公式为：

银行业总产出 = 虚拟服务费收入 + 实际服务费收入

= 各项利息收入 - 各项利息支出 + 手续费收入 + 信托业务收入 + 融资租赁业务收入 + 外

汇业务收入＋咨询业务收入＋投资分红收入

保险业总产出的计算方法与银行业类似，等于保费收入与理赔支出之差加其他营业收入。具体公式为：

保险服务总产出＝营业收入－赔款支出－退保金及给付－分保费支出－分保赔款及费用支出－提存未决赔款准备金－准备金提转差＋投资收益

其中营业收入包括保费收入和其他营业收入。

房地产业总产出包括房地产开发经营业总产出、物业管理总产出、房地产中介服务总产出和居民自有住房服务总产出。房地产开发经营业总产出是经营房屋销售的差价收入和从事房地产租赁活动获得的租金收入；物业管理总产出为管理服务的经营收入；房地产中介服务总产出是从事房地产经纪与代理中介活动取得的收入。居民自有住房服务总产出原则上应等于按市场上同等住房的房租价格计算的虚拟房租，由于我国尚未形成健全的房地产市场，没有合适的房租价格可以参考，目前可按房屋价值和规定的折旧率虚拟计算的固定资产折旧作为总产出。

其他服务业总产出按以下两种情况分别计算：一是营利性单位，即以追求利润为主要目标的服务单位，总产出一般按实现的营业收入总额计算；二是非营利性单位，其经费支出主要来源于国家财政和其他赞助，或虽然有部分营业收入，但无法弥补自身经营活动成本，如公共管理和社会组织等，这类单位的总产出一般按业务活动支出进行计算，即等于经常性业务支出加虚拟折旧，不计算营业盈余。

中间投入指常住单位在一定时期内生产过程中消耗和使用的非固定资产货物和服务的价值。中间投入也称为中间消耗，反映用于生产过程中的转移价值，一般按购买者价格计算。计入中间投入的货物和服务必须具备两个条件，一是与总产出的计算范围保持一致；二是本期一次性使用的。

增加值即总产出减去中间投入后的差额，反映一定时期内各产业部门生产经营活动的最终成果。（见附表2）

3. 收入法国内生产总值表及其核算

收入法也称分配法，从生产过程形成收入的角度，对常住单位的生产活动成果进行核算。国民经济各产业部门收入法增加值由劳动者报酬、生产税净额、固定资产折旧和营业盈余四个部分组成。直观地反映按收入法计算的各产业部门增加值和国内生产总值及其构成情况。

表的主栏与生产法国内生产总值表一样，也是国民经济行业分类和相应的分组；宾栏为增加值、劳动者报酬、生产税净额、固定资产折旧和营业盈余；宾栏各指标之间的关系为：增加值＝劳动者报酬＋生产税净额＋固定资产折旧＋营业盈余，各产业部门增加值合计为国内生产总值。计算公式为：

增加值＝劳动者报酬＋生产税净额＋固定资产折旧＋营业盈余

国民经济各产业部门收入法增加值之和等于收入法国内生产总值。

劳动者报酬指劳动者从事生产活动所应得的全部报酬。包括劳动者应得的工资、奖金和津贴，既有货币形式的，也有实物形式的，还有劳动者所享受的公费医疗和医药卫生费、上下班交通补贴和单位为职工缴纳的社会保险费等。对于个体经济来说，其所有者所获得的劳动报酬和经营利润不易区分，这两部分统一作为劳动者报酬处理。

生产税净额指生产税减生产补贴后的差额。生产税指政府对生产单位从事生产、销售和经营活动以及因从事生产活动使用某些生产要素，如固定资产、土地、劳动力所征收的各种税、附加费和规费，包括销售税金及附加、增值税、管理费中开支的各种税、应交纳的排污费和水电费附加、烟酒专卖上缴政府的专项收入等。生产补贴与生产税相反，是政府对生产单位单方面的转移支付，因此视为负生产税处理，包括政策性亏损补贴、价格补贴等。

固定资产折旧指一定时期内为弥补固定资产损耗按照核定的固定资产折旧率提取的固定资产折旧，或按国民经济核算统一规定的折旧率虚拟计算的固定资产折旧。它反映了固定资产在当期生产中的转移价值。各种类型企业和企业化管理的事业单位的固定资产折旧指实际计提的折旧费；不计提折旧的单位，如政府机关、非企业化管理的事业单位和居民住房的固定资产折旧则是按照统一规定的折旧率和固定资产原值计算的虚拟折旧。

营业盈余指常住单位创造的增加值扣除劳动者报酬、生产税净额和固定资产折旧后的余额。（见附表3）

4. 支出法国内生产总值表及其核算

支出法国内生产总值是从最终使用的角度反映一个国家一定时期内生产活动最终成果的一种方法。最终使用包括最终消费、资本形成总额及净出口三部分。支出法国内生产总值表直观地反映按支出法计算的国内生产总值，能够全面、详细地反映各类最终支出的规模和构成情况。

表的主栏为最终使用的构成项目，大类包括最终消费、资本形成总额、净出口三项支出。其中，最终消费按消费主体和消费对象进一步细分为若干个支出项目，资本形成总额按资本性质和特点进一步细分为若干个支出项目，净出口分为出口与进口。宾栏为支出金额。计算公式为：

支出法国内生产总值 = 最终消费 + 资本形成总额 + 净出口

最终消费指常住单位为满足物质、文化和精神生活的需要，从本国经济领土和国外购买的货物和服务的支出。它不包括非常住单位在本国经济领土内的消费支出。最终消费分为居民消费和政府消费。

居民消费指常住住户在一定时期内对于货物和服务的全部最终消费支出。居民消费按居民支付的购买者价格计算，货物的购买者价格是购买者取得交货所支付的价格，它包括购买者支付的运输和商业费用。居民消费除了直接以货币形式购买的货物和服务的消费支出外，还包括以其他方式获得的货物和服务的消费支出，即所谓的虚拟消费支出。居民虚拟消费支出包括如下几种类型：单位以实物报酬及实物转移的形式提供给劳动者的货物和服务；住户生产并由本住户消费了的货物和服务，其中的服务仅指住户的自有住房服务和付酬的家庭雇员提供的家庭和个人服务；金融机构提供的金融媒介服务；保险公司提供的保险服务。

政府消费指政府部门为全社会提供的公共服务的消费支出和免费或以较低的价格向居民住户提供的货物和服务的净支出，前者等于政府服务的产出价值减去政府单位所获得的经营收入的价值，后者等于政府部门免费或以较低价格向居民住户提供的货物和服务的市场价值减去向住户收取的价值。

资本形成总额指常住单位在一定时期内获得减去处置的固定资产和存货的净额，包括固定资本形成总额和存货增加两部分。

固定资本形成总额指生产者在一定时期内获得的固定资产减处置的固定资产的价值总额。可分为有形固定资本形成总额和无形固定资本形成总额。有形固定资本形成总额包括一定时期内完成的建筑工程、安装工程和设备工器具购置（减处置）价值，以及土地改良、新增役、种、奶、毛、娱乐用牲畜和新增经济林木价值。无形固定资本形成总额包括矿藏的勘探、计算机软件等获得减处置。

存货增加指常住单位在一定时期内存货实物量变动的市场价值，即期末价值减期初价值的差额，再扣除当期由于价格变动而产生的特有收益。存货包括生产单位购进的原材料、燃料和储备物资等存货，以及生产单位生产的产成品、在制品和半成品等。

货物和服务净出口指货物和服务出口减货物和服务进口的差额。出口包括常住单位向非常住单位出售或无偿转让的各种货物和服务的价值；进口包括常住单位从非常住单位购买或无偿得到的各种货物和服务的价值。（见附表4）

附国内生产总值表式：

附表 1　　　　　　　　国内生产总值总表

生　产	金　额	使　用	金　额
		一、支出法国内生产总值	
		（一）最终消费	
一、生产法国内生产总值		居民消费	
（一）总产出		农村居民消费	
（二）中间投入（-）		城镇居民消费	
二、收入法国内生产总值		政府消费	
（一）劳动者报酬		（二）资本形成总额	
（二）生产税净额		固定资本形成总额	
生产税		存货增加	
生产补贴占（-）		（三）净出口	
（三）固定资产折旧		出口	
（四）营业盈余		进口（-）	
		二、统计误差	

附表2　　生产法国内生产总值表

	增加值	总产出	中间投入
合计			
一、第一产业			
（一）农业			
（二）林业			
（三）畜牧业			
（四）渔业			
二、第二产业			
（一）工业			
采矿业			
制造业			
电力、燃气及水的生产和供应业			
（二）建筑业			
三、第三产业			
（一）农林牧渔服务业			
（二）交通运输、仓储和邮政业			
（三）信息传输、计算机服务和软件业			
（四）批发和零售业			
（五）住宿和餐饮业			
（六）金融业			
银行业			
证券业			
保险业			
其他金融活动			
（七）房地产业			
（八）租赁和商务服务业			
（九）科学研究、技术服务和地质勘查业			
（十）水利、环境和公共设施管理业			
（十一）居民服务和其他服务业			
（十二）教育			
（十三）卫生、社会保障和社会福利业			
（十四）文化、体育和娱乐业			
（十五）公共管理和社会组织			

附表 3　　收入法国内生产总值表

	增加值	劳动者报酬	生产税净额	固定资产折旧	营业盈余
合计					
一、第一产业(农林牧渔业)					
(一)农业					
(二)林业					
(三)畜牧业					
(四)渔业					
二、第二产业					
(一)工业					
采矿业					
制造业					
电力、燃气及水的生产和供应业					
(二)建筑业					
三、第三产业					
(一)农林牧渔服务业					
(二)交通运输、仓储和邮政业					
(三)信息传输、计算机服务和软件业					
(四)批发和零售业					
(五)住宿和餐饮业					
(六)金融业					
银行业					
证券业					
保险业					
其他金融活动					
(七)房地产业					
(八)租赁和商务服务业					
(九)科学研究、技术服务和地质勘查业					
(十)水利、环境和公共设施管理业					
(十一)居民服务和其他服务业					
(十二)教育					
(十三)卫生、社会保障和社会福利业					
(十四)文化、体育和娱乐业					
(十五)公共管理和社会组织					

附表4 支出法国内生产总值表

	金额
国内生产总值	
一、最终消费	
(一)居民消费	
农村居民消费	
食品	
衣着	
家庭设备用品及服务	
医疗保健	
交通和通信	
文化教育娱乐用品及服务	
住房服务	
金融媒介服务及保险服务	
集体福利服务	
其他商品和服务	
城镇居民消费	
食品	
其他商品和服务	
(二)政府消费	
二、资本形成总额	
(一)固定资本形成总额	
建筑安装工程	
其中:住宅	
设备工器具购置	
土地改良	
其他	
(二)存货增加	
三、净出口	
(一)出口	
(二)进口(-)	

§10.3.2 投入产出核算

投入产出核算是以投入产出表的形式，描述国民经济各部门在一定时期(通常为一年)生产中的投入来源和产出使用去向，揭示国民经济各部门间相互依存、相互制约的数量关系，同时，它将生产法、收入法、支出法国内生产总值结合在一张表上，细化了国内生产总值核算。

1. 投入产出表的基本结构

投入产出表由供给表、使用表和产品部门×产品部门表组成。

供给表又称产出表，主栏为 n 个产品部门，宾栏为 m 个产业部门，沿行方向看，反映属于某一产品部门的货物或服务是由哪些产业部门生产的，合计为属于该产品部门的货物或服务的总产出；沿列方向看，反映某一产业部门生产各产品部门货物或服务的价值量，合计为该产业部门总产出。全部产业部门总产出等于全部产品部门总产出。通常产品部门个数多于产业部门个数。按生产者价格计算的总供给等于按生产者价格计算的总产出与进口之和；按购买者价格计算的总供给等于按生产者价格计算的总供给与商业和运输费用之和。

使用表又称投入表，通常由三部分组成，第一部分的主栏包括 n 个产品部门，宾栏包括 m 个产业部门。沿行方向看，表明各产品部门生产的货物或服务提供给各产业部门使用的价值量，沿列方向看，表明各产业部门从事生产活动所消耗各产品部门生产的货物或服务的价值量；第二部分是第一部分在水平方向上的延伸，其主栏与第一部分相同，也是 n 个产品部门，其宾栏由最终消费、资本形成总额、出口等最终使用项组成，它反映各产品部门生产的货物或服务用于最终使用的价值量及其构成；第三部分是第一部分在垂直方向上的延伸，其主栏由劳动者报酬、生产税净额、固定资产折旧和营业盈余等增加值项组成，宾栏与第一部分的宾栏一致，也是 m 个产业部门，它反映各产业部门增加值的构成情况。

产品部门×产品部门表，形式上与使用表相似，也是由三部分组成，第一部分是由名称相同、排列次序相同、数目一致的 n 个产品部门纵横交叉而成的，其主栏为中间投入、宾栏为中间使用。沿行方向看，反映第 i 产品部门生产的货物或服务提供给第 j 产品部门使用的价值量；沿列方向看，反映第 j 产品部门在生产过程中消耗第 i 产品部门生产的货物或服务的价值量。第二部分是第一部分在水平方向上的延伸，其主栏与第一部分的主栏相同，也是 n 个产品部门；其宾栏由最终消费、资本形成总额、出口等最终使用项组成。它反映各产品部门生产的货物或服务用于各种最终使用的价值量及其构成。第三部分是第一部分在垂直方向上的延伸，其主栏由劳动者报酬、生产税净额、固定资产折旧和营业盈余等增加值项组成；宾栏与第一部分的宾栏相同，也是 n 个产品部门，它反映各产品部门增加值的构成情况。

产品部门×产品部门表的平衡关系是：

从纵列方向看，第 j 产品部门中间投入合计 + 第 j 产品部门增加值合计 = 第 j 产品部门总投入从横行方向看，第 i 产品部门中间使用合计 + 第 i 产品部门最终使用合计 - 第 i 产品部门进口 = 第 i 产品部门总产出

从总量看，总投入 = 总产出

第 i 产品部门总投入 = 第 i 产品部门总产出

中间投入合计 = 中间使用合计

2. 投入产出核算的部门分类

在投入产出核算中，部门分类包括产品部门分类和产业部门分类两种。

产品部门分类是指供给表和使用表主栏以及产品部门 × 产品部门表主栏和宾栏所采用的部门分类。产品部门分类遵循同质性原则，即消耗结构相同、生产工艺技术相同和经济用途相同的原则。一个产品部门就是满足上述同质性原则的同类产品组成的产品群。但在实际操作中同一产品部门的货物或服务往往不能同时满足三个条件，而只能满足其中一个或两个条件。

产业部门分类是指供给表宾栏和使用表宾栏所采用的部门分类。产业部门由一组从事相同或相似活动的产业活动单位组成，产业活动单位从事的主要活动的增加值远远大于其他非主要活动的增加值。我国的现行统计是以企业为调查对象的，还不具备按产业部门进行分类的条件，在投入产出核算中使用行业分类代替产业部门分类。

3. 投入产出表的基本编制方法

投入产出表的编制方法主要指编制产品部门 × 产品部门表的方法。产品部门 × 产品部门表有两种编制方法：一种是间接推导法，另一种是直接分解法。

间接推导法是以产业活动单位为统计单位，按照产业活动单位主产品的性质将其划分到某一产业部门，并编制包括全部产业部门在内的使用表和供给表，然后利用使用表和供给表，依据一定的假定，采用数学方法推导出产品部门 × 产品部门表的方法。

间接推导法使用的假定有两种：一是产品工艺假定，即假定不管由哪个产业部门生产，同一种产品具有相同的投入结构；二是产业部门工艺假定，即假定同一产业部门不论生产何种产品，都具有相同的投入结构。

直接分解法与间接推导法不同，其统计单位不是产业活动单位，而是一个企业。一个企业，特别是大中型企业，往往同时生产几种、甚至几十种不同质的产品，它们的投入构成不同，根据产品部门的要求，将该企业生产的各种产品，按其性质划归到相应产品部门中，利用企业按产品部门直接分解后的投入构成资料，编制产品部门 × 产品部门表的方法。

目前我国采用的是以直接分解法为主，间接推导法为辅的编表方法。

附:投入产出表表式:

投入产出表

（产品部门×产品部门表）

投入＼产出		中间使用				最终使用										进口	总产出
						最终消费					资本形成总额			出口	最终使用合计		
						居民消费			政府消费	合计							
		产品部门1	…	产品部门 n	中间使用合计	农村居民消费	城镇居民消费	小计			固定资本形成额	存货增加	合计				
中间投入	产品部门1 · · · 产品部门 n	第Ⅰ象限				第Ⅱ象限											
	中间投入合计																
增加值	劳动者报酬 生产税净额 固定资产折旧 营业盈余 增加值合计	第Ⅲ象限															
	总投入																

供给表(V 表)

产品部门＼产业部门	产业部门1	…	产业部门 j	…	产业部门 m	产品部门总产出	进口（到岸价）	按生产者价格计算的总供给	商业和运输费用	按购买者价格计算的总供给
产品部门1										
·										
·										
产品部门 i										
·										
·										
产品部门 n										
产业部门总产出										

使用表(U表)

<table>
<tr><td rowspan="4" colspan="2">产业
产品 部门
部门</td><td colspan="4">中间使用</td><td colspan="10">最终使用</td><td rowspan="4">总使用</td><td rowspan="4">购买者价格</td></tr>
<tr><td rowspan="3">产品部门1</td><td rowspan="3">…</td><td rowspan="3">产品部门m</td><td rowspan="3">中间使用合计</td><td colspan="5">最终消费</td><td colspan="3">资本形成总额</td><td rowspan="3">出口</td><td rowspan="3">最终使用合计</td></tr>
<tr><td colspan="3">居民消费</td><td rowspan="2">政府消费</td><td rowspan="2">合计</td><td rowspan="2">固定资本形成额</td><td rowspan="2">存货增加</td><td rowspan="2">合计</td></tr>
<tr><td>农村居民消费</td><td>城镇居民消费</td><td>小计</td></tr>
<tr><td rowspan="2">中间投入</td><td>产品部门1
·
·
·
产品部门n</td><td colspan="4">第Ⅰ象限</td><td colspan="12">第Ⅱ象限</td></tr>
<tr><td>中间投入合计</td><td colspan="4"></td><td colspan="12"></td></tr>
<tr><td rowspan="2">增加值</td><td>劳动者报酬
生产税净额
固定资产折旧
营业盈余</td><td colspan="4">第Ⅲ象限</td><td colspan="12"></td></tr>
<tr><td>增加值合计</td><td colspan="4"></td><td colspan="12"></td></tr>
<tr><td colspan="2">总投入
（生产者价格）</td><td colspan="4"></td><td colspan="12"></td></tr>
</table>

§10.3.3 资金流量核算

资金流量核算主要以收入分配和资金运动为核算对象。它反映一定时期各机构部门收入的形成、分配、使用、资金的筹集和运用以及各机构部门间资金流入和流出情况。

1. 资金流量表的基本结构

资金流量表采用矩阵结构。主栏表示交易项目，宾栏代表机构部门。每个机构部门下面列出两栏，即"来源"栏与"使用"栏，分别代表机构部门资源的筹集和资源的使用，"来源"放在右端，"使用"放在左端。主栏交易项目按交易的不同性质分为实物交易和金融交易，这样资金流量表就分为主栏不同、宾栏相同的两大部分。

2. 资金流量表的基本记录原则

资金流量表采用复式记账原理，对每笔交易都作双重反映。在实物交易方面，一个部门的收入同时是对应部门的支出。收入记录在来源方，支出记录在使用方。在金融交易方面，一个部门金融资产的增加(减少)，一般伴随着对应部门负债的增加(减少)。金融资产的增加或减少记录在使用方，负债的增加或减少记录在来源方。这一记录原则使资金流量表上的各种收入、支出和金融流量始终保持收支相等、借贷对应的平衡关系，整张表的上下、左右相互衔接，形成了一个严密的平衡系统。各个机构部门发生的各种交易都能得到一致反映，社会资金运动的来龙去脉一目了然。

3. 资金流量表的基本指标

(1)实物交易。是指与货物和服务的生产与使用、收入分配和无偿转移有关的交易活动。

(2)金融交易。是指以现金、信用、证券等金融资产负债为交易对象的交易活动。

(3)初次分配总收入。初次分配指生产活动形成的收入在参与生产活动的生产要素的所有者及政府之间的分配。生产要素包括劳动力、土地、资本。劳动力所有者因提供劳动而获得劳动报酬;土地所有者因出租土地而获得地租;资本的所有者因资本的形态不同而获得不同形式的收入:借贷资本所有者获得利息收入，股权所有者获得红利或未分配利润。政府因对生产活动或生产要素征税而获得生产税或因对生产进行补贴而支付生产补贴。初次分配的结果形成各个机构部门初次分配总收入，各机构部门的初次分配总收入之和就等于国民总收入。

(4)可支配总收入。在初次分配总收入的基础上，通过经常转移的形式对初次分配总收入进行再次分配。再分配的结果形成各个机构部门可支配总收入。各机构部门的可支配总收入之和称为国民可支配总收入。

(5)总储蓄。是指可支配总收入用于最终消费后的差额。各机构部门的总储蓄之和称为国民总储蓄。

(6)净金融投资。从实物交易角度看，它是指总储蓄加资本转移收入净额减非金融投资后的差额。从金融交易角度看，它是金融资产增加额减负债增加额的差额。

4. 资金流量核算指标之间的关系

初次分配总收入 = 增加值 - 支付的劳动者报酬 + 收到的劳动者报酬 - 支付的生产税净额 + 收到的生产税净额 - 支付的财产收入 + 收到的财产收入

可支配总收入 = 初次分配总收入 + 经常转移收入 - 经常转移支出

总储蓄 = 可支配总收入 - 最终消费

净金融投资 = 总储蓄 + 资本转移收入净额 - 资本形成总额 - 其它非金融资产获得减处置

净金融投资 = 金融资产增加 - 负债增加

5. 资金流量表的编制方法

资金流量表分为实物交易和金融交易两大部分，分别由国家统计局和中国人民银行编制。资金流量表的基本编表方法是:(1)按照交易的项目和机构部门的类别，逐项、逐部门收集原始资料;(2)按照国民经济核算的概念和原则对原始资料进行加工整理，对遗漏或有缺口的数据进行必要的调查或参考有关指标放大推算;对同一交易项目有两种以上资料的进行比较、对照，选取最佳资料;(3)将分项资料按照各个部门的特点分摊到各个机构部门，并在此基础上得到资金流量表初表;(4)对资金流量表初表的实物交易部分和金融交易部分进行反复平衡，得到实物交易与金融交易平衡后的资金流量表;(5)将经过实物交易与金融交易平衡后的资金流量表与国民经济核算的其他部分，如投入产出表、国际收支表、资产负债表进行协调，得到最终的资金流量表。

附:资金流量表表式:

资金流量表(实物交易)

机构部门 交易项目	非金融企业部门		金融机构部门		政府部门		住户部门		国内合计		国外部门		合计	
	使用	来源	使用	来源	使用	来源	使用	来源	使用	来源	使用	来源	使用	来源
一、净出口														
二、增加值														
三、劳动者报酬														
(一)工资及工资性收入														
(二)单位社会保险付款														
四、生产税净额														
(一)生产税														
(二)生产补贴(-)														
五、财产收入														
(一)利息														
(二)红利														
(三)土地租金														
(四)其他														
六、初次分配总收入														
七、经常转移														
(一)收入税														
(二)社会保险缴款														
(三)社会保险福利														
(四)社会补助														
(五)其他														
八、可支配总收入														
九、最终消费														
(一)居民消费														
(二)政府消费														
十、总储蓄														
十一、资本转移														
(一)投资性补助														
(二)其他														
十二、资本形成总额														
(一)固定资本形成总额														
(二)存货增加														
十三、其他非金融资产获得减处置														
十四、净金融投资														
十五、统计误差														

资金流量表(金融交易)

机构部门 / 交易项目	非金融企业部门		金融机构部门		政府部门		住户部门		国内合计		国外部门		合计	
	使用	来源	使用	来源	使用	来源	使用	来源	使用	来源	使用	来源	使用	来源
一、净金融投资														
二、资金运用合计														
三、资金来源合计														
(一)通货														
本币														
外币														
(二)存款														
活期存款														
定期存款														
住户储蓄存款														
财政存款														
外汇存款														
其他存款														
(三)贷款														
短期贷款														
中长期货款														
财政贷款														
外汇贷款														
其他贷款														
(四)证券														
债券														
国债														
金融债券														
中央银行债券														
企业债券														
股票														
(五)保险准备金														
(六)结算资金														
(七)金融机构往来														
(八)准备金														
(九)库存现金														
(十)中央银行贷款														
(十一)其他(净)														
(十二)国外直接投资														
(十三)其他对外债权债务														
(十四)储备资产														
(十五)国际收支净误差与遗漏														

§10.3.4 国际收支核算

国际收支核算是一个国家或地区，作为一个经济整体，同世界其他国家和地区在一定时期所发生的经济交易的系统记录。根据国际货币基金组织的定义，目前国际收支核算主要包括两方面内容，即国际收支平衡表和国际投资头寸表。国际收支平衡表反映一定时期内常住单位(居民)和非常住单位(非居民)之间发生的交易。国际投资头寸表反映特定时点上常住单位对外金融资产和负债的存量状况，以及在一定时期内由交易、价格变化、汇率变化和其他调整引起的存量变化。

1. 国际收支平衡表

(1)国际收支平衡表的基本结构

国际收支平衡表是在国际货币基金组织最新制定的标准的基础上，根据中国的实际情况适当调整后形成的。国际收支平衡表包括经常账户、资本和金融账户、储备资产、净误差与遗漏四大部分。

①经常账户。包括货物、服务、收益和经常转移。

货物。是指通过我国海关进出口的货物和一些未经我国海关的转口贸易，以及商品退货等。出口记在贷方，进口记在借方。

服务。包括运输、旅游、通讯、建筑、保险、金融、计算机和信息服务、专有权使用费和特许费、咨询、广告、宣传、电影、音像、其他商务服务以及政府服务。贷方表示我国对外提供上述服务获得的收入，借方表示我国接受境外提供的上述服务的支出。

收益。包括职工报酬(即劳动者报酬)和投资收益两部分。贷方表示我国获得的收益，借方表示我国对外支付的收益。

职工报酬指我国个人在国外工作(一年以下)而得到并汇回的收入以及我国支付在华工作的外籍员工(一年以下)的工资福利。

投资收益包括直接投资项下的利润利息收支和再投资收益、证券投资收益(股息、利息等)和其他投资收益(利息)。

经常转移。包括侨汇、无偿捐赠和赔偿等项目，既有货物形式，又有资金形式。经常转移分为政府间的经常转移和其他部门间的转移。贷方表示我国从国外获得的无偿转移，借方反映我国向国外提供的无偿转移。

政府指接受或提供捐赠的政府部门和国际组织。

其他部门指政府部门和国际组织以外的其他部门或个人。

②资本和金融账户。借方表示资产增加或负债减少;贷方表示资产减少或负债增加。

资本账户。包括资本转移如债务减免、移民转移等内容。

金融账户。包括我国对外资产和负债所有权变动的所有交易。按投资方式分为直接投资、证券投资和其他投资。每种投资方式都分为资产、负债，其中我国对外直接投资视同资产，外国在华直接投资视同负债。

直接投资指以投资者寻求在母国以外经营企业获取有效发言权为目的的投资。包括外商在华直接投资和我国对外直接投资两部分。

证券投资包括股本证券和债务证券两类证券投资形式。

其他投资指除直接投资和证券投资外的所有金融交易。分为贸易信贷、贷款、货币和存款及其他资产四类形式。

③储备资产。指我国中央银行拥有的对外资产，包括货币黄金、特别提款权、外汇储备、在基金组织的储备头寸和其他债权。

④净误差与遗漏。指由于资料不完整，统计时间、计价标准以及不同币种间的换算差额等原因而形成的误差与遗漏。

(2)国际收支核算的基本原则

我国国际收支平衡表是按照国际货币基金组织规定的原则编制的。它的基本原则是复式记账原则。即对每笔交易都有两次价值相等的记录，一次记入贷方，一次记入借方。根据该原则，国际收支平衡表中计入贷方的项目包括:货物和服务出口、应收收入、接受货物和资金的无偿转移、金融资产的减少和负债的增加;计入借方的项目包括:货物和服务进口、应付支出、对外提供货物和资金的无偿援助、金融资产的增加和负债的减少。如贷方金额大于借方金额，借贷差额为正，称为顺差，反之称为逆差。

(3)国际收支核算指标之间的关系

经常账户差额 = 货物差额 + 服务差额 + 收益差额 + 经常转移差额

资本和金融账户差额 = 资本账户差额 + 金融账户差额

储备资产差额 = 货币黄金差额 + 特别提款权差额 + 外汇储备差额 + 在基金组织的储备头寸差额 + 其他债权差额

净误差与遗漏差额 = -(经常账户差额 + 资本和金融账户差额 + 储备资产差额)

2. 国际投资头寸表

(1)基本概念及核算原则

国际投资头寸表反映我国对外资产和负债的存量状况及其变动因素。国际投资头寸表在记账单位和折算等核算原则上均与国际收支平衡表一致。在计价上采用编表时点的市场价格，记账单位为美元，按各种货币对美元统一折算率进行折算。

(2)基本结构和分类

我国的国际投资头寸表与国际货币基金组织制订的标准表式基本相同。国际投资头寸表的主栏是资产和负债，两者之间的差额是净头寸。主栏的具体分类与我国国际收支平衡表中的资本和金融账户的标准组成部分完全一致。资产细分为直接投资、证券投资、其他投资和储备资产;负债分为直接投资、证券投资和其他投资;国际投资头寸表的宾栏反映期初和期末头寸，以及引起头寸变化的各种因素，包括交易、价格变化、汇率变化、其他调整等。

(3)指标之间的关系

年末头寸 = 年初头寸 + 交易 + 价格变化 + 汇率变化 + 其他调整

资产 = 在国外的直接投资 + 证券投资 + 其他投资 + 储备资产

负债 = 来华直接投资 + 证券投资 + 其他投资

净头寸 = 资产 - 负债

附:国际收支平衡表表式:

国际收支平衡表

项目	差额	贷方	借方
一、经常项目			
(一)货物和服务			
1. 货物			
2. 服务			
运输			
旅游			
通讯服务			
建筑服务			
保险服务			
金融服务			
计算机和信息服务			
专有权利使用费和特许费			
咨询			
广告、宣传			
电影、音像			
其他商业服务			
别处未提及的政府服务			
(二)收益			
1. 职工报酬			
2. 投资收益			
(三)经常转移			
1. 各级政府			
2. 其他部门			
二、资本和金融项目			
(一)资本项目			
(二)金融项目			
1. 直接投资			
我国在外直接			
外国在华直接投资			
2. 证券投资			
资产			
股本证券			
债务证券			
(中)长期债券			
货币市场工具			
负债			
股本证券			
债务证券			
(中)长期债券			
货币市场工具			
3. 其他投资			
资产			
贸易信贷			
长期			
短期			
贷款			
长期			
短期			
货币和存款			
其他资产			
长期			
短期			
负债			
贸易信贷			
长期			
短期			
贷款			
长期			
短期			
货币和存款			
其他负债			
长期			
短期			
三、储备资产			
(一)货币黄金			
(二)特别提款权			
(三)在基金组织的储备头寸			
(四)外汇			
(五)其他债权			
四、净误差与遗漏			

国际投资头寸表

项目	期初	交易	其他变化	期末	
一、净头寸					
二、资产					
(一)在国外直接投资					
1. 股本和再投资收益					
2. 其他资本					
(二)证券投资					
1. 股本证券					
2. 债务证券					
(三)其他投资					
1. 贸易信贷					
2. 贷款					
3. 货币和存款					
4. 其他资产					
(四)储备资产					
1. 货币黄金					
2. 特别提款权					
3. 在基金组织中的储备头寸					
4. 外汇					
5. 其他债权					
三、负债					
(一)来华直接投资					
1. 股本和再投资收益					
2. 其他资本					
(二)证券投资					
1. 股本证券					
2. 债务证券					
(三)其他资本					
1. 贸易信贷					
2. 贷款					
3. 货币和存款					
4. 其他负债					

§10.3.5 资产负债核算

资产负债核算是以经济资产存量为对象的核算。它反映某一时点上机构部门及经济总体所拥有的资产和负债的历史积累状况。期初资产负债规模和结构是当期经济活动的初始条件，经过一个核算期的经济活动(生产、分配、消费、投资、资金融通等)和非经济活动(如自然灾害、战争等)形成了期末资产负债的规模和结构。因此，资产负债核算与经济流量核算之间有着密切的联系。

1. 资产负债表的基本结构

我国资产负债表采用国际上通用的矩阵结构，主栏为资产和负债项目，宾栏为机构部门和经济总体。下设使用项和来源项，其中使用项目记录资产，来源项目记录负债和资产负债差额。

资产负债表的主栏包括三个部分:(1)非金融资产项目，反映国内各机构部门、经济总体的非金融资产总规模及构成情况;(2)金融资产与负债项目，其中，国内金融资产与负债项目，反映国内各机构部门、经济总体的金融资产与负债的状况及机构部门之间的债权债务关系；国外金融资产与负债项目，反映国内各机构部门与国外部门由于资本往来和金融交易形成的资产负债存量状况；储备资产项目，反映国家对外支付能力；(3)资产负债差额项目，反映各机构部门和经济总体的资产与负债相抵后的净值，它是各机构部门及经济总体的主要财富和经济实力的最终体现。上述每一类项目中，又包含着若干个子项目。

资产负债表宾栏中的机构部门包括：非金融企业部门、金融机构部门、政府部门、住户和国外部门。

2. 资产负债核算的基本原则

资产负债核算采用复式记账原则，机构部门之间的资产负债交易必须在同一时点记入交易双方的资产负债表。机构部门在记录资产负债交易时，遵循“权责发生制”原则。

资产负债表按核算时点分为期初资产负债表和期末资产负债表。目前我国资产负债核算采用的时点为日历年初和年末两个时点，以此确定资产负债核算的起点和终点。

资产负债表中非金融资产只在持有者的资产方即使用方反映。不同机构部门的金融债权与债务同时发生、数量相等、方向相反，某一机构部门或几个机构部门拥有的债权数额，必然与相应的另一机构部门或几个机构部门所承担的债务数额相等。在国民经济总体范围内，国内金融资产与负债数额相等，相互抵消。国内各机构部门的国外金融资产(或负债)之和等于国外部门的负债(或金融资产)，国外金融资产减去负债后的差额为国外金融资产净值。

3. 资产负债核算的基本概念

(1)核算范围。我国常住单位拥有的资产、负债和资产净值。

(2)资产。指经济资产，它必须同时具备以下两个条件：一是资产的所有权已经确定；二是其所有者由于持有或使用它们而能够在目前或可预见的将来获得经济利益。

(3)负债。是指一个机构单位或机构部门对其他机构单位或机构部门的债务，负债是金融债权的对应体。

(4)资产负债差额。是指某个机构单位或机构部门所拥有的全部资产减去全部负债后的差额(亦称资产净值)，同时也是资产负债表的平衡项。资产大于负债用正数表示，反之用负数表示。

(5)资产分类。分为非金融资产和金融资产两大类，非金融资产细分为固定资产、存货和其他非金融资产。金融资产细分为国内金融资产、国外金融资产和储备资产。详细分类如下图所示：

- 资产
  - 非金融资产
    - 固定资产
    - 存货
    - 其他非金融资产
  - 金融资产
    - 国内金融资产
      - 通货
      - 存款
      - 贷款
      - 证券(不含股票)
      - 股票及其他股权
      - 保险准备金
      - 其他
    - 国外金融资产
      - 直接投资
      - 证券投资
      - 其他投资
    - 储备资产

4. 资产负债表各指标之间的关系

非金融资产 + 国内金融资产 + 国外金融资产 + 储备资产 = 国内负债 + 国外负债 + 资产负债差额(资产净值)

非金融资产 = 固定资产 + 存货 + 其他非金融资产

金融资产 = 国内金融资产 + 国外金融资产 + 储备资产

负债 = 国内负债 + 国外负债

资产负债差额(资产净值) = 资产总额 - 负债总额

5. 资产负债表的编制方法

编制资产负债表的基本方法有两种:直接法和间接法。

直接法指以充分搜集现有的宏观、微观资产负债核算(会计、统计、业务)资料为主，如国有、集体、外商投资、私营等企业的资产负债年报、金融、证券企业的资产负债年报、国际收支表、专业统计年报、有关部门业务核算年报，辅之以各种形式的非全面调查资料，如抽样调查资料，以获得相关总量及结构资料编制资产负债表的方法。目前编制国民资产负债表时一般采用直接法。

§10.3.6 国民经济账户

国民经济账户以账户的形式对国民经济运行过程和结果进行描述。针对国民经济运行的各个环节，分别设置了不同的账户，即生产账户、收入分配及支出账户、资本账户、金融账户、资产负债账户和国外部门账户。

与整个体系的机构部门分类相对应，国民经济账户针对每个机构部门及经济总体都设置了一套完整账户。通过国民经济账户既可以从每个国内机构部门的角度观察从生产、收入分配、消费到投资的整个循环过程，又可以从经济总体的角度观察整个经济的循环过程;既可以观察每个国内机构部门与国外部门发生的各种经济往来活动，又可以观察经济总体与国外部门发生的各种经济往来活动。

国民经济账户借用了企业会计的丁字账户格式。丁字账户的右端称为来源方，左端称为使用方。国民经济账户遵循如下记账原则:收入、负债变动，包括负债增加和负债减少，以及负债存量项目，计入丁字账户的来源方;支出、资产变动，包括资产增加和减少，以及资产存量项目，计入丁字账户的使用方。

对每一个部门来说，每一笔流量往往涉及该部门的两个账户，需要记录两次，一次作为实际资源的来源，记入该部门某个账户的右端;一次作为实际资源的运用，记入该部门另一个账户的左端，这称之为复式记账。

对整个国民经济而言，一笔交易往往涉及两个部门，在每个部门它都要记录两次，两个部门共记录四次，这称之为四式记账。正是通过这种记账方法，国民经济账户的各个部门和各个账户结成一个严密一致的整体，能够完整准确地反映国民经济中发生的各种经济活动。

附:资产负债表表式:

资产负债表

	非金融企业部门				金融机构部门				政府部门		住户部门		国内部门合计				国外部门		总计	
			国有企业				国有机构								国有单位					
	使用	来源	使用	来源	使用	来源	使用	来源	使用	来源	使用	来源	使用	来源	使用	来源	使用	来源	使用	来源
一、非金融资产																				
(一)固定资产																				
其中:在建工程																				
(二)存货																				
其中:产成品和商品库存																				
(三)其他非金融资产																				
其中:无形资产																				
二、金融资产与负债																				
(一)国内金融资产与负债																				
通货																				
存款																				
长期																				
短期																				
贷款																				
长期																				
短期																				
证券(不含股票)																				
股票及其他股权																				
保险准备金																				
其他																				
(二)国外金融资产与负债																				
直接投资																				
证券投资																				
其他投资																				
(三)储备资产																				
其中:货币黄金																				
外汇储备																				
三、资产负债差额(资产净值)																				
四、资产、负债与差额总计																				

国民经济账户的基本形式和记账原则如下图所示：

使　用	来　源
1. 支出 2. 资产变动 (1)资产增加 (2)资产减少 3. 资产存量	1. 收入 2. 负债变动 (1)负债增加 (2)负债减少 3. 负债存量

1. 生产账户。生产账户反映国内机构部门在核算期内通过生产过程所创造的价值以及与此价值对应的收入形态。生产账户的基本形式如下：

生　产　账　户

使　用	来　源
1. 增加值 (1)劳动者报酬 (2)生产税净额 (3)固定资产折旧 (4)营业盈余	1. 总产出 2. 减：中间投入
合　计	合　计

2. 收入分配及支出账户。收入分配及支出账户反映国内机构部门在核算期内通过生产过程形成的收入如何在拥有相应生产要素的机构部门之间进行分配，收入如何在不同机构部门之间进行转移以及机构部门如何将它们的可支配收入在消费和储蓄之间进行分配。收入分配及支出账户的基本形式如下：

收入分配及支出账户

使　用	来　源
1. 财产收入支付 2. 经常转移支出 3. 可支配总收入 4. 最终消费 5. 总储蓄	1. 营业盈余 2. 固定资产折旧 3. 财产收入 4. 劳动者报酬 5. 生产税净额 6. 经常转移收入
合　计	合　计

3. 资本账户。资本账户反映国内机构部门可用于资本形成的资金来源、资本形成的规模以及资金剩余或短缺的规模。资本账户的基本形式如下：

资 本 账 户

使 用	来 源
1. 资本形成总额 2. 其他非金融资产获得减处置 3. 资金余缺	1. 总储蓄 2. 资本转移收入净额
合 计	合 计

4. 金融账户。金融账户反映了国内机构部门通过各种金融工具所发生的各种金融交易，以及这些交易的净成果，即资金的净借入或净借出。金融账户的基本形式如下：

账户左端反映的是各种类型金融资产的净增加额，右端反映的是各种类型负债的净增加额及资金余缺。资金余缺是账户左端各项金融资产增加额的合计额与账户右端各项负债增加额的合计数的差额。当差额为正时，表明机构部门借出的资金多于它借入的资金，即资金净借出；当差额为负时，表明机构部门借出的资金少于它借入的资金，即资金净借入。从理论上讲，金融账户上的资金余缺应等于资本账户上的资金余缺，但实际核算时，由于各种因素造成的统计误差，这两个项目很难实现平衡。

金 融 账 户

使 用	来 源
1. 通货 2. 存款 3. 贷款 4. 证券(不含股票) 5. 股票及其他股权 6. 保险准备金 7. 其他金融资产 8. 国外直接投资 9. 其他对外债权 10. 储备资产	1. 通货 2. 存款 3. 贷款 4. 证券(不含股票) 5. 股票及其他股权 6. 保险准备金 7. 其他负债 8. 国外直接投资 9. 其他对外债权 10. 国际收支净误码差与遗漏小计 11. 资金余缺
合 计	合 计

5. 资产负债账户。资产负债账户反映国内机构部门在核算期初或期末的资产负债存量，资产负债账户的基本形式如下：

使　用	来　源
1. 非金融资产 (1)固定资产 (2)存货 (3)其他非金融资产 2. 金融资产 (1)国内金融资产 通货 存款 贷款 证券(不含股票) 股票和其他股权 保险准备金 其他金融资产 (2)国外金融资产 直接投资 证券投资 其他投资 3. 储备资产	1. 国内金融负债 (1)通货 (2)存款 (3)贷款 (4)证券(不含股标) (5)股票及其他股权 (6)保险准备金 (7)其他负债 2. 国外金融负债 (1)直接投资 (2)证券投资 (3)其他投资 小计 3. 资产负债差额
合　计	合　计

6. 国外部门账户。国外部门账户是从非常住者的角度，反映常住者与非常住者之间发生的各种交易活动以及相应的存量状况。国外部门账户包括经常账户、资本账户、金融账户和资产负债账户，但没有生产账户。

经常账户反映国外部门与国内机构部门之间的经常性交易，其基本形式如下：

经　常　账　户

使　用	来　源
1. 货物和服务出口 2. 来自国外的劳动者报酬 3. 来自国外的财产收入 4. 来自国外的生产税净额 5. 来自国外的经常转移收入 6. 经常往来差额	1. 货物和服务进口 2. 支付国外的劳动者报酬 3. 支付国外的财产收入 4. 支付国外的生产税净额 5. 支付国外的经常转移
合　计	合　计

国外部门的资本账户、金融账户和资产负债账户与国内机构部门的对应账户在表式和内涵方面都很相似，这里不再赘述。

§10.3.7　自然资源与人力资本实物量核算

自然资源与人力资本实物量核算是国民经济核算体系的附属核算，是对国民经济核算体系基本核算表和国民经济账户的补充，是国民经济核算体系的重要组成部分。随着自然资源与生态环境问题的日益突出和人口资源与人力资本对我国社会经济发展影响的日趋重要，客观上需要建立并实行自然资源与人力资本核算制度，为党和政府制定、实施可持续发展战略提供科学依据，测度全面建设小康社会进程。

1. 自然资源与人力资本实物量核算的基本内容及框架

国民经济核算体系附属表中的“自然资源实物量核算表”和“人口资源与人力资本实物量核算表”为框架结构表，它分别展示了自然资源与人力资本实物量核算的基本内容及基本框架，用于描述我国自然资源和资源资产、人口资源和人力资本的规模、结构与变动，反映经济活动与资源、人口之间的相互关系。

自然资源指我国境内所有自然形成的，在一定的经济、技术条件下可以被开发利用以提高人们生活福利水平和生存能力并同时具有某种“稀缺性”的实物性资源的总称。它包括土地资源、森林资源、矿产资源、水资源等，不包括人文资源(如人力、资金、市场、信息等资源)及具有自然资源和人文资源双重性质的旅游资源等。自然资源分为资源资产和非资产性自然资源。

资源资产指所有权已经界定，所有者能够有效控制并能够在目前及可预见的将来产生预期经济收益的自然资源。资源资产属于经济资产范畴，包括土地资产、森林资产、矿产资产、水资产等。

自然资源实物量核算基本框架包括土地、森林、矿产和水四种主要资源实物量核算表。

自然资源实物量核算基本框架表反映主要自然资源在核算期期初和期末两个时点的实物存量及在核算期内的变动情况。主栏分为期初存量、本期增加、本期减少、调整变化和期末存量。其中，引起本期增加或减少的因素包括自然因素、经济因素、分类及结构变化等；影响调整变化的因素主要是科技进步、核算方法变化等。宾栏根据自然资源性质分为土地资源、森林资源、矿产资源和水资源。每种资源又单独分列“资源资产”和非资产性自然资源。这是本表核算框架与我国现行自然资源业务统计的本质区别，也是进行经济与自然资源综合核算的切入点和基础。

2. 人口资源与人力资本实物量核算的基本内容及框架

人力资本实物量核算是人口资源与人力资本实物量核算表的核心内容，显示人力资本实物量是本表的本质。

人口资源指我国在特定时点具有生命的常住“自然人”的人口数量。它包括人力资源(初级劳动力和人力资本)和其他人口。

人力资本指人口资源中“自然人”具有的知识、健康、技能与能力等素质的总和，包括受教育程度、再培训水平、卫生保健状况、劳动技能与能力等。人力资本实物量核算数据是以人口数量表示的。

人口资源与人力资本实物量核算基本框架包括0～15岁人口、在(就)业人口、失业人口、非经济活动人口的人力资本实物量核算表四种。

人口资源与人力资本实物量核算基本框架表反映人口资源和人力资本的主要内容在核算

期期初和期末两个时点的人口存量及在核算期内的变动情况。主栏分为期初人口、本期增加、本期减少和期末人口。其中，引起本期增加或减少的因素包括出生、迁入、死亡、迁出等。宾栏首先根据人口资源的年龄分为 0 ~ 15 岁、16 岁及以上人口两个基本部分；其次根据人口性质将 16 岁及以上人口分为经济活动人口和非经济活动人口，经济活动人口分为在(就)业人口和失业人口；再次根据人力资本的本质特征将各部分人口按教育程度和年龄等分组标志平行细分组，以便为今后开展人力资本价值量核算奠定基础。

附：自然资源实物量核算表人口资源与人力资本实物量核算表：

自然资源实物量核算表

<table>
<tr><th rowspan="4">项目</th><th colspan="5">土地资源</th><th colspan="4">森林资源</th><th colspan="4">矿产资源</th><th colspan="4">水资源</th></tr>
<tr><th colspan="4">土地资产</th><th rowspan="3">非资产性土地资源</th><th colspan="3">森林资源</th><th rowspan="3">非资产性森林资源</th><th colspan="3">矿产资产</th><th rowspan="3">资产性矿产资源</th><th colspan="3">水资产</th><th rowspan="3">非资产性水资源</th></tr>
<tr><th colspan="2"></th><th rowspan="2">房屋及建筑物占地</th><th rowspan="2">其他</th><th rowspan="2">培育资产</th><th colspan="2">非培育资产</th><th rowspan="2">能源矿藏</th><th rowspan="2">金属矿藏</th><th rowspan="2">非金属矿藏</th><th colspan="2">初始利用量</th><th rowspan="2">重复利用量</th></tr>
<tr><th>农用土地</th><th>耕地</th><th>人工林</th><th>天然林</th><th>地表水</th><th>地下水</th></tr>
<tr><td>一、期初存量</td><td colspan="17" rowspan="22"></td></tr>
<tr><td>二、本期增加</td></tr>
<tr><td>(一)自然增加</td></tr>
<tr><td>(二)经济发现</td></tr>
<tr><td>(三)分类及结构变化引起的增加</td></tr>
<tr><td>(四)其他因素引起的增加</td></tr>
<tr><td>三、本期减少</td></tr>
<tr><td>(一)自然减少</td></tr>
<tr><td>(二)经济使用</td></tr>
<tr><td>(三)分类及结构变化引起的减少</td></tr>
<tr><td>(四)其他因素引起的减少</td></tr>
<tr><td>四、调整变化</td></tr>
<tr><td>(一)技术改进</td></tr>
<tr><td>(二)改进测算方法</td></tr>
<tr><td>(三)其他</td></tr>
<tr><td>五、期末存量</td></tr>
</table>

人口资源与人力资本实物量核算表(续表)

	16岁及以上																										
	失业人口								非经济活动人口按性别、城乡、年龄、性质分																		
	按教育程度分		按年龄分					小计	按性别分		按城乡分		按年龄分						按性质分						小计	合计	总计
	高中/中专	大专以上	16~24	25~34	35~44	45~54	55~64		男	女	城镇	乡村	16~24	25~34	35~44	45~54	55~64	65以上	在校生 高中中专	在校生 大专以上	料理家务	离休退休	丧失劳动能力	其他			
一、期初人口																											
二、本期增加																											
(一)出生																											
(二)迁入																											
(三)其他																											
三、本期减少																											
(一)死亡																											
(二)迁出																											
(三)其他																											
四、期末人口																											

人口资源与人力资本实物量核算表

	0~15岁							16岁及以上																		
								就业人口															失业人口			
	按性别分		按城乡分		按教育程度分			按性别分		按城乡分		按教育程度分				按年龄分							按性别分		按教育程度分	
	男	女	城镇	乡村	小学/初中	其他	合计	男	女	城镇	乡村	文盲/半文盲	小学/初中	高中/中专	大专以上	16~24	25~34	35~44	45~54	55~64	65以上	小计	男	女	文盲/半文盲	小学/初中
一、期初人口																										
二、本期增加																										
(一)出生																										
(二)迁入																										
(三)其他																										
三、本期																										

思考题:

1. 如何全面理解国民经济核算体系的概念?
2. 我国国民经济核算体系是怎样建立和发展起来的?
3. 国民经济核算体系的重要作用是什么?
4. 国民经济核算体系的主要指标有哪些?
5. 国民经济核算体系的主要内容有哪些?

参考阅读材料:

1. 中国国民经济核算, 主编许宪春, 中国统计出版社,2004 年
2. 联合国等:《国民经济核算体系(1993)》, 中国统计出版社, 1995 年 6 月
3. 中华人民共和国国家统计局:《中国国民经济核算体系(2002)》, 中国统计出版社, 2003 年 3 月
4.《新编统计学原理》,陈嗣成、冯虹主编, 首都经济贸易大学出版社, 2001 年 9 月

案例讨论：以下是××市国内生产总值资料。（见表1、表2、表3）

表1：　××市历年国内生产总值数据（当年价）　亿元

年　度	国内生产总值	第一产业	第二产业	第三产业
2000	879.60	129.45	463.03	287.12
2001	979.50	132.24	503.18	344.08
2002	1115.00	142.14	590.34	382.52
2003	1316.00	150.40	721.88	443.72
2004	1631.02	175.25	948.88	506.89
2005	2012.46	193.49	1198.01	620.96

表2：　××市历年国内生产总值数据（当年价）　亿元

年 度	国内生产总值	最终消费	其中		资本形成总额	其中		货物和服务净出口
			居民消费	政府消费		固定资本	存货增加	
2000	857.69	364.93	273.38	91.55	258.97	220.12	38.85	233.79
2001	958.20	389.27	289.19	100.08	325.39	285.15	40.24	243.54
2002	1100.10	415.88	305.78	110.10	445.70	404.93	40.77	238.52
2003	1315.58	455.99	333.78	122.21	713.59	671.32	42.27	146.00
2004	1631.02	504.70	370.27	134.43	1040.14	982.23	57.91	86.18
2005	2012.46	601.71	450.88	150.83	1357.59	1270.94	86.65	53.16

表3：××市2005年国内生产总值数据（当年价）　亿元

指　标	增加值	劳动者报酬	生产税净额	固定资产折旧	营业盈余
国内生产总值	2012.46	618.98	259.08	255.02	879.38
第一产业	197.41	160.89	0.40	7.37	28.75
第二产业	1198.01	261.79	197.90	167.92	570.40
第三产业	617.04	196.30	60.78	79.73	280.23

讨论问题：

1. 表1、表2、表3各用什么方法来计算国内生产总值的？
2. 试计算并编出各自的国内生产总值构成表。
3. 根据计算结果，对三种方法计算的国内生产总值进行如下简要分析：
(1)该市5年来产业结构的变化趋势是怎样的？
(2)该市5年来国内生产总值快速增长，从表1、表2两个不同的角度分析增长的原因。
(3)该市5年来消费需求和投资需求的变化趋势是怎样的？
(4)从收入分配的角度分析第一、二、三产业在该市经济发展中处于什么地位？

读者反馈意见

亲爱的读者：

感谢您对《统计学原理》的学习和热爱！为了今后能给您提供更优质的服务，请您抽出宝贵时间填写下面意见反馈表，以便我们更好地对本教材做进一步的改进。同时，如果您在使用本教材的过程中遇到了什么问题，或者有什么好的建议，也请您来信、来电告诉我们。

地址：北京市丰台区科学城南极星大厦 108 室

电话：010－83794590 /83794403

电子邮箱：*caikai6223@263. net*　*QQ*：649319527　*QQ*：1694299827

网址：*WWW. KFHWH. CN*

教材名称：《统计学原理》

个人资料：

姓名：__________ 年龄：__________ 所在院校/专业__________

文化程度：__________ 通讯地址：__________

联系电话：__________ 电子信箱：__________

您使用本书是作为：□指定教材、□选用教材、□辅导教材

您对封面设计的满意度：

□很满意、□满意、□一般、□不满意　改进建议__________

您对本书印刷质量的满意度：

□很满意、□满意、□一般、□不满意　改进建议__________

您对本书的总体满意度：

从语言质量角度看：□很满意、□满意、□一般、□不满意

从科技含量角度看：□很满意、□满意、□一般、□不满意

本书最令您满意的是：

□指导明确 □内容充实 □讲解详尽 □实例丰富

您认为本书在哪些地方应进行修改？（可附页）

____

____

您希望本书在哪些方面需进行改进？（可附页）

____

____